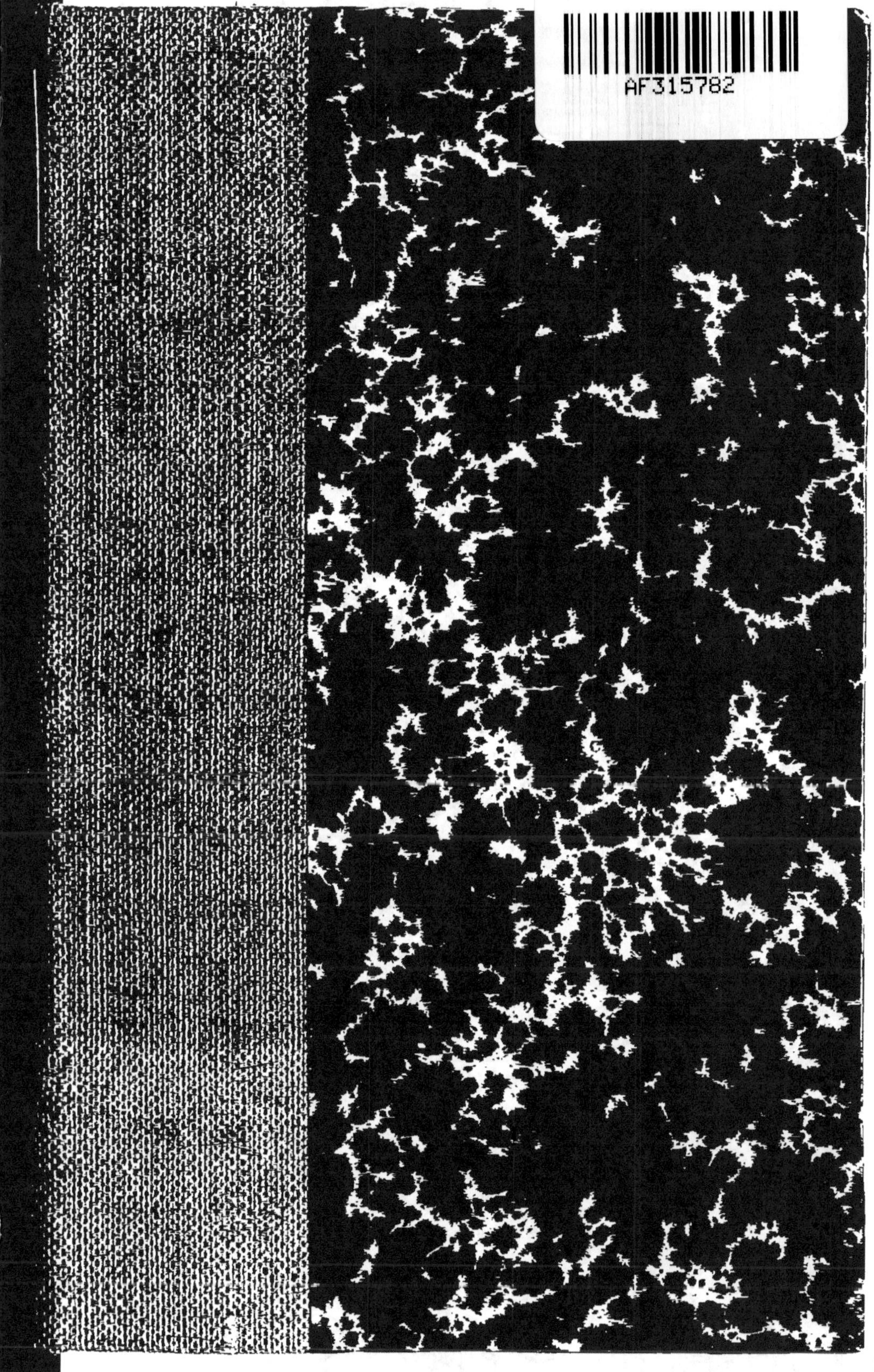
AF315782

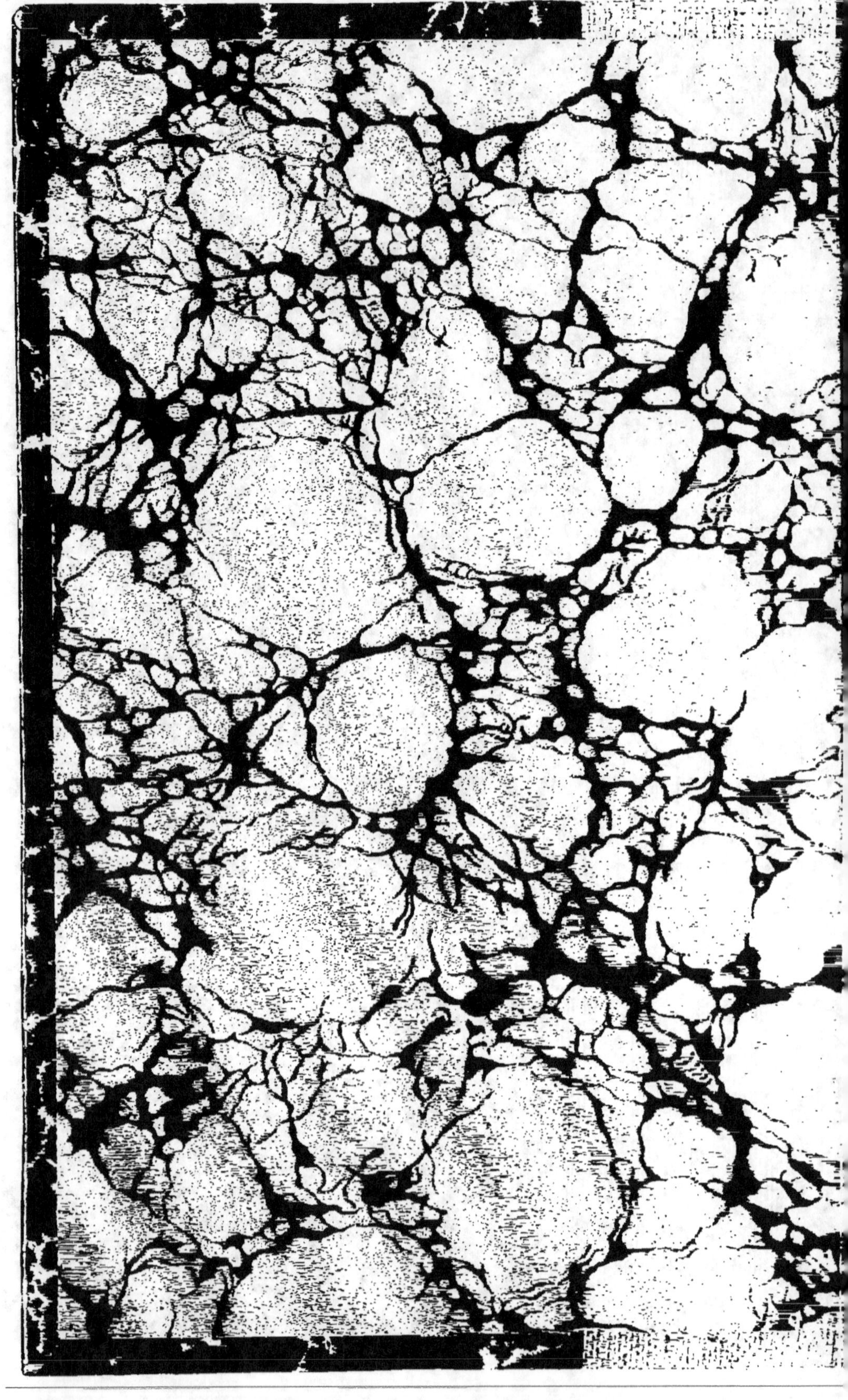

ÉTUDES

DE

LÉGISLATIONS COMPARÉES.

DOUAI. — IMP. DECHRISTÉ, RUE JEAN-DE-BOLOGNE.

LE DROIT PAYEN

ET

LE DROIT CHRÉTIEN

Par Charles CARPENTIER.

Scriptum est: *Perdam sapientiam sapientium, et prudentiam prudentium reprobabo.*

S. Paul, 1, Cor. 19.

IV.

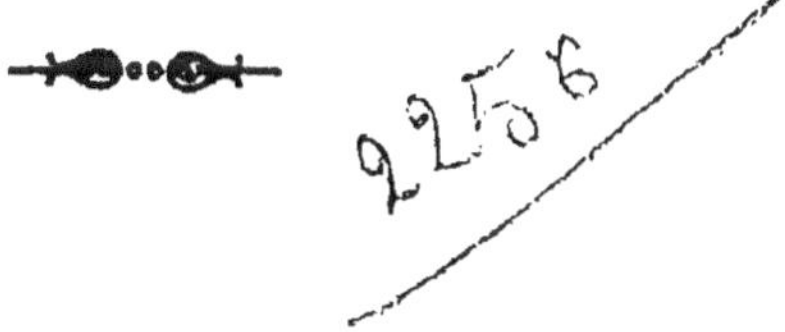

PARIS,

A. DURAND et PEDONE LAURIEL  Ernest THORIN , libraire, 7,
libraires , 9, rue Cujas.   rue de Médicis.

1870.

LIVRE DEUXIÈME.

QUATRIÈME ÉTUDE.

———

DU DROIT DE POLYGAMIE, DE DIVORCE ET DE

PROSTITUTION, SOUS LE PAGANISME,

et de

L'ABOLITION DE CE DROIT

PAR LA LÉGISLATION CHRÉTIENNE.

DROIT PAYEN.

CHAPITRE Ier

Exposé préliminaire.

Sénèque raconte que le grammairien Didyme, d'Alexandrie, contemporain d'Auguste, et qu'on appelait *Chalcentrée*, c'est-à-dire *entrailles d'airain*, à cause de son amour infatigable pour l'étude, avait écrit *quatre mille volumes* : Les uns étaient consacrés à rechercher quelle était la patrie d'Homère, les autres à faire connaître quelle était la mère d'Énée ; dans quelques-uns, il examinait la question de savoir si Anacréon était plus adonné aux femmes qu'au vin ; dans d'autres, il recherchait s'il était vrai de dire que Sapho avait été une courtisane publique, ou s'appliquait à approfondir beaucoup d'autres questions de ce genre.

Si nos études ressemblaient à celles du grammairien Didyme, et n'étaient qu'un frivole amusement de l'esprit, nous rougirions de nous y livrer. La vie n'est pas faite pour de pareils passe-temps. L'homme qui a la conscience de ses devoirs envers Dieu, envers ses semblables, envers lui-même, et réfléchit à la rapidité de son existence, ne doit pas user son intelligence dans des efforts sans profit, et ce n'est pas sans une profonde sagesse que saint Paul recommande, avec tant d'insistance, aux chrétiens, de s'occuper des choses qui *sont bonnes et utiles aux hommes,* et non des questions folles, des *généalogies,* des contestations, et des disputes inutiles et vaines (1).

Mais si la comparaison de tous les grands monuments de la législation et de la philosophie antiques, avec cet autre monument qui les surpasse tous en simplicité comme en profondeur, **la Bible,** ne peut être pour per-

---

(1) Sénèque. *Lett.* 88. — 2. Timoth. 2, 23. Stultas autem quæstiones et *genealogias* et contentiones.. sunt enim inutiles et vanæ. (Tit. III, 8 et 9).

sonne un travail stérile, combien l'étude des
questions de droit, qui touchent aux fonde-
ments même de la civilisation, et ont reçu
des solutions si différentes du paganisme et
du christianisme, ne doit-elle pas être féconde
en enseignements pour tout le monde ?

C'est cette comparaison que nous faisons.
C'est cette étude que nous poursuivons. —
C'est parce que nous avons les regards inva-
riablement fixés vers un but d'utilité *pratique*,
qui deviendra de plus en plus *visible*, que
nous marchons sans nous laisser détourner
de notre route, sans nous préoccuper des
controverses oiseuses, ou des curiosités intel-
lectuelles étrangères aux intérêts que nous
servons.

Jusqu'à présent, en étudiant les législations
des peuples antérieurs à Jésus-Christ, nous
avons dû, — pour commencer par les principes, et monter de la base au sommet, — remettre en lumière des institutions qui n'existent plus dans les législations modernes, et
n'ont presque plus, — aujourd'hui, — qu'un
intérêt historique. Nous allons, maintenant,
étudier d'autres institutions, dont l'origine se
perd aussi dans la nuit des temps, mais qui
existent encore dans plusieurs contrées, avec
quelques modifications dans les formes : nous
voulons parler de la polygamie, du mariage

solennel et du concubinat *simultanés*, du divorce, et de la prostitution.

Ainsi, dans cette première section, nous commencerons par établir que, sur toute la terre, avant Jésus-Christ, les hommes libres pouvaient avoir en même temps deux femmes légitimes, — souvent même un plus grand nombre, — et que, lorsque les lois ou les coutumes ne leur permettaient d'avoir qu'une seule femme légitime à la fois, ils avaient au moins le droit d'entretenir publiquement et notoirement, une ou plusieurs *concubines*, dans la maison conjugale, à côté et sous les yeux de l'épouse, ou de la femme principale. Nous ferons connaître, en passant, une coutume encore plus extraordinaire, qui existait seulement chez quelques peuples, et qui permettait à une seule femme d'avoir en même temps plusieurs maris, ou de vivre *conjugalement* et *légalement* avec plusieurs hommes à la fois, lorsqu'ils appartenaient à la même famille.

Après avoir prouvé l'existence de la polygamie, du mariage solennel et du concubinat simultanés, et même de la polyandrie, nous prouverons que les hommes libres pouvaient à leur gré renvoyer toutes ces femmes, les expulser, les chasser de leur maison, et les remplacer par d'autres ; de manière que, par la polygamie ou le mariage solennel et le concubinat *successifs*, ils pouvaient encore avoir *légalement* en leur possession exclusive, autant de femmes ou de concubines qu'ils voulaient, lorsqu'il ne leur convenait pas de les épouser ou de les avoir *simultanément*. Nous montrerons que les femmes pouvaient elles - mêmes dissoudre arbitrairement leur mariage, et épouser d'autres hommes du vivant de leurs premiers maris; toutefois, nous aurons soin de faire remarquer que si ce droit de répudiation ou de divorce avait été reconnu, d'une manière absolue et chez tous les peuples, *au profit des maris*, il n'était admis que plus rarement *au profit des femmes*.

. Nous établirons que chez les peuples les plus civilisés, avant Jésus-Christ, la prostitution n'était pas seulement protégée par les autorités publiques, et considérée comme nécessaire à la sécurité sociale, mais qu'elle avait un caractère religieux et sacré; nous montrerons que chez ces peuples, on avait élevé des temples en l'honneur des dieux et des déesses qui passaient pour avoir donné l'exemple des plus honteux désordres, et que, notamment, dans les temples consacrés à Vénus, on entretenait des troupes de courtisanes et de prostituées, afin de favoriser la débauche des habitants du pays ou des

étrangers. Nous établirons que, pour témoi-
gner leur piété envers ces dieux ou déesses,
les femmes libres étaient quelquefois obligées par les lois ou les coutumes, de se prostituer dans ces temples, et que, quand elles
n'y étaient pas obligées, elles pouvaient toujours y trouver des asyles pour s'y prostituer
volontairement. Nous montrerons les ministres de ces divinités, — instruments ou complices de ces abominables débauches, —
organiser des processions publiques de jeunes
garçons et de jeunes filles, qui portaient des
simulacres obscènes, en chantant des chants
licencieux. Enfin, après avoir constaté que la
prostitution était honorée dans l'état et même
exploitée ouvertement dans les familles, surtout par les esclaves, nous citerons un certain
nombre de peuples, — moins célèbres, mais
encore assez puissants, — qui ne connaissaient
ni le mariage ni le concubinat, ni le divorce,
et qui avaient admis purement et simplement
la communauté des femmes.

Pour combler l'étonnement de ceux qui ne
connaissent le paganisme que par la magnifi-
cence des ruines de ses monuments, ou par
l'éclat de ses chefs-d'œuvre littéraires, nous
passerons en revue les théories de ses philosophes, de ses moralistes et de ses écrivains,
sur ces questions : nous exposerons particu-

lièrement les doctrines de l'école Socratique ou Platonicienne, de l'école Stoïcienne, de Cicéron, et des principaux écrivains latins ; enfin, nous ferons connaître la cause des erreurs dans lesquelles tous ces écrivains sont tombés, en admettant la pluralité des femmes dans le mariage, ou, — ce qui n'est pas moins dangereux, — en approuvant le divorce et la prostitution.

Ce travail présente, sans doute, des difficultés : nous comprenons les devoirs qu'il impose, et nous les remplirons.

CHAPITRE II.

Du droit de polygamie proprement dite.

Si nous avions pénétré, du temps de Jésus-Christ, sur la côte occidentale de la Lybie, — en face des îles Fortunées, — nous aurions trouvé, entre les grands monts Atlas, la mer Atlantique et les colonnes d'Hercule, de vastes contrées, qui s'appelaient alors la Mauritanie et la Numidie.

Nous connaissons les coutumes des habitants de ces contrées par Salluste, qui a fait longtemps la guerre en Afrique, avec Jules César, et qui fut même chargé du gouvernement de la Numidie. Salluste atteste que chacun des Maures et des Numides avait *en même temps* autant de femmes légitimes, *(uxores)*, qu'il pouvait en entretenir, suivant son état de fortune. Quelques-uns en avaient dix, d'autres un plus grand nombre ; quant aux rois, on devine aisément qu'ils tenaient, sous ce rapport, à n'être surpassés par personne (1).

Il en était de même chez les habitants de la Cyrénaïque et chez les Nasamons, qui habitaient le littoral de la Lybie, au nord, entre l'Afrique proprement dite et l'Egypte (2).

Mais que dire de l'Egypte ?

Depuis les temps les plus reculés, jusqu'à l'époque où nous arrêtons nos recherches, — c'est-à-dire jusqu'à Jésus-Christ, — toute cette contrée fameuse, dont les colonies portèrent dans l'Europe les premières notions des sciences et des arts, avait aussi admis la polygamie : nous le savons par Diodore de Sicile, qui écrivait du temps de Jules César et d'Auguste. Cet historien dit textuellement ceci : « Les prêtres des Egyptiens épousent » une seule femme, *les autres en épousent* » *autant qu'ils veulent* (3). »

______

(1) Singuli, pro opibus quisque, quàm plurimas *uxores*, denas alii, alii plures habent, sed reges eo ampliùs. (Sall., *Guerre C. Jugurtha*, § 80.)

(2) Voir Tiraqueau, Liv. 7. *De Connub.* N°s 20, 21, 22 et les auteurs qu'il cite. *Uxores* quisque *complures* solent habere. (Hérod. L. 4, § 172).

(3) In matrimonium Ægyptiorum sacerdotes unam, *alii quot quis velit, ducunt.* (Diod. Liv. 1. § 3).

Avec la Mauritanie, la Numidie, la Cyrénaïque, le pays des Nasamons et l'Egypte, nous avons la partie la plus importante de l'Afrique, au temps de Jésus-Christ ; nous pouvons donc négliger les Gétules noirs, les Ethiopiens et les Troglodytes, qui n'étaient certainement pas plus éclairés et plus moraux que ceux que nous venons d'indiquer, et traverser tout de suite la mer Rouge, pour arriver dans l'Arabie heureuse.

Ici, nous trouvons une coutume qui montre jusqu'à quel degré d'aberration et de dégradation peut descendre l'espèce humaine, lorsqu'elle n'est pas éclairée par l'Evangile. Dans l'Arabie heureuse, tout était commun entre les membres de la même famille ; *une femme légitime appartenait à tous*, mais on punissait de mort quiconque avait commerce avec une femme d'une autre famille (1).

On serait tenté de considérer ce récit comme une fable, si l'on ne savait que, vingt-quatre ans avant Jésus-Christ, une expédition Romaine contre les Arabes avait eu lieu, sous le commandement d'Ælius-Gallus, et que les renseignements rapportés par ce

-----

(1) Quæ possident, omnibus consanguineis sunt communia. *Una omnibus uxor.* Qui prior ingreditur, posito antè januam baculo, cum eà congreditur. (Strabon, liv. 15, ch. 4, § 25. Edit. E. Didot.)

général, en vertu des ordres de César-Auguste, ont été recueillis à Rome par Strabon, qui était son contemporain.

Arrivons maintenant par la mer des Indes, jusqu'à la presqu'île de la Chersonnèse d'or, et remontons l'Asie, en nous dirigeant vers l'Europe, à travers les divers royaumes de *l'Inde* : nous allons retrouver partout la polygamie.

On sait que Strabon n'était pas seulement un géographe. C'était un philosophe et un historien qui avait beaucoup voyagé, et qui n'avançait un fait qu'après avoir vu par lui-même, ou pesé avec soin les documents qu'il consultait : On peut donc, en général, se fier à ce qu'il dit, quand il parle de l'Inde.

Strabon atteste que, de son temps, les Indiens épousaient *plusieurs femmes*, ou, (pour traduire plus exactement le texte), qu'ils avaient en même temps plusieurs femmes *mariées*. Il ajoute qu'ils *achetaient* ces femmes de leurs parents, au prix d'une couple de bœufs pour chacune, et qu'ils les prenaient, les unes comme simples servantes, les autres pour satisfaire leurs passions, ou pour avoir des enfants.

Ces renseignements fournis par Strabon, sont conformes aux anciennes lois de Manou : on y voit, en effet, que les brahmanes eux-mêmes, qui étaient les savants et les sages de l'Inde , pouvaient avoir en même temps un grand nombre *d'épouses* (1).

Avançons tout droit devant nous , entre le golfe Persique et la mer Caspienne : nous allons trouver trois grands peuples qui , par la puissance de leurs armes et l'éclat de leur civilisation , ont attiré plus particulièrement l'attention de l'histoire : nous voulons parler des Perses, des Parthes et des Mèdes.

Tous les écrivains qui ont parlé de ces peuples , depuis Hérodote jusqu'à Ammien-Marcellin, c'est-à-dire pendant plusieurs siècles, avant et après Jésus-Christ, sont d'accord pour déclarer qu'ils pratiquaient la *polygamie*, comme les Africains et les Indiens.

Strabon affirme même que les Perses ne se bornaient pas à prendre en même temps plusieurs *épouses* , mais que , pour augmenter le nombre de leurs enfants , ils nourrissaient plusieurs *concubines* , en même temps que plusieurs épouses. *Ces coutumes* , ajoute-t-il , étaient *communes à beaucoup d'autres peuples* (2).

---

(1) Multas *nuptas* habent , quas à parentibus accipiunt pari boum emptas... (Strab. L. XV, ch. 1, § 54. Ed. F. Didot).—Lois de Manou. L. 9. St. 119 et suiv.— *Quamplurimas* ducere uxores. (Strab. L. XV, ch. 1, § 59).

(2) Ducunt eorum quisquis legitimas uxores *multas*. (Strab. L. XV, ch. 3, § 18). Uxores dulcedine libidinis,

Nous venons de passer en revue les principaux peuples de l'*Asie* : Entrons maintenant
dans l'Europe, en passant par le bosphore de
Thrace, qu'on appelle aujourd'hui le détroit
de Constantinople.

La vaste contrée qui s'étend devant nous,
c'est la Thrace. Elle comprend *vingt-deux* nations : les Thraces, dit Strabon, sont les *Gètes*,
et les Mysiens ou Mœsiens ; les Phrygiens,
les Bythiniens, les Maryandiniens et les Tri-
balles, descendent aussi de ces peuples.

Tous ces peuples admettaient la *polygamie*.

Nous en trouvons la preuve dans un fragment d'Héraclide de Pont, et dans un autre
fragment du poëte Ménandre.

Héraclide de Pont, qui était un philosophe
de l'école de Speusippe et d'Aristote, dit que,
chez les *Thraces*, chaque homme épousait en
même temps trois ou quatre femmes et quelquefois même trente.

Le poëte Ménandre s'exprime ainsi : « *Tous
les Thraces*, mais surtout nous autres Gètes,
(car je me glorifie d'appartenir à cette nation),

---

plures habent (Justin. L. 41, § 3). Pro opibus, quisque
addiscens matrimonia plura vel pauca. (Amm.-Marcell.
L. 33). — Innumeris conjugibus, (Lucain, 8. V. 398 et
suiv.)—*Ducunt uxores complures, et multas simul pellices...* (Hérod. L. 1. 135, § 2. et Athén. L. XIII, ch. 1.
—Cic. C. Verrès. 3, § 33. Mores persici et his et Medis
aliis que compluribus sunt communes. (Strab. Loc. cit.
§ 13).

nous ne sommes pas fort chastes ; il n'existe en effet personne parmi nous, qui n'épouse dix, onze, douze femmes, et quelquefois davantage. Si quelqu'un perd la vie avant d'avoir été au-delà de quatre ou cinq femmes, nous le plaignons comme un homme malheureux, qui n'a point goûté les plaisirs de l'hymen (1). »

Voilà donc l'existence de la polygamie bien démontrée dans la partie orientale de l'Europe. Mais n'y avait-il que ces *vingt-deux nations des Thraces* qui eussent adopté ces coutumes ?

Nous ne sommes pas, sur ce point, réduit à des conjectures, et nous trouvons dans les écrivains Latins et Grecs, des indications précieuses qui vont nous permettre de répondre à cette question.

Entre la Thrace et la Grèce, il y avait à cette époque un royaume fondé par Caranus, et auquel les victoires de Philippe et d'Alexandre avaient donné une célébrité impérissable :

Nous avons nommé la *Macédoine*.

Il est certain que la polygamie existait dans

---

(1) Thracia omnis è duobus et viginti gentibus constat. (Strab. L. 7, § 7. fragm.) Quilibet Thracum tres, quatuor ve uxores ducunt : ac nonnulli etiam trigenta. (Fragm. des hist. Grec. Ed. F. Did. T. 3, p. 220.)

ce royaume. Plutarque nous apprend que les trois généraux d'Alexandre, — Démétrius, Lysimachus et Ptolémée, — avaient à la fois *plusieurs femmes ;* il ajoute que ces trois généraux n'avaient fait que suivre une coutume qui *n'était prohibée par aucune loi*, et avait été reçue par les rois de Macédoine, à l'exemple de Philippe et d'Alexandre (1).

Jetons un rapide regard sur le centre de l'Europe : les Sarmates, les Gélons, les Germains et beaucoup d'autres peuples, étaient tous *polygames*.

A l'occident, dans la Grande-Bretagne, nous trouvons non-seulement la polygamie, mais même la polyandrie.

Jules-César raconte, dansses *Commentaires*, que chez les Bretons, les épouses étaient communes entre dix ou douze hommes, et que cette coutume existait particulièrement entre *les frères,* ou entre *les parents et les enfants.* On voit encore, dans Dion-Cassius, que lorsque Bunduica, reine des Bretons, allait livrer bataille aux Romains, elle s'exprimait en ces termes : « Je commande à des hommes

---

(1) Demetrius, nullâ lege prohibitam, sed Philippi et Alexandri exemplo, receptam Macedoniæ regibus consuetudinem secutus, plures uxores duxit, sicut et Lysimachus et Ptolemeus. (*Comp. de Dem. et d'Ant.* § 4.)

qui tiennent pour communs tous leurs biens, pour communs *leurs enfants et leurs femmes !* »

Bunduica parlait ainsi sous le règne de Néron, l'an 814 de Rome, ou l'an 62 de l'ère chrétienne (1).

Mais il semble que tant qu'on n'a pas parlé de Lacédémone, d'Athènes et de Rome, on n'ait encore rien dit : Voyons donc ce qui se passait chez les Spartiates, les Athéniens et les Romains.

Une chose va d'abord surprendre ceux qui n'ont pas étudié l'histoire de la Grèce, en se plaçant au point de vue où nous nous plaçons, c'est que les Spartiates, si fiers de la sagesse de leur Lycurgue, admettaient et pratiquaient ouvertement la *polyandrie*, comme les Arabes et les Bretons.

Recueillons d'abord sur ce point le témoignage de Polybe.

Polybe était né dans le Péloponnèse, et est mort dans cette contrée, 121 ans seulement avant Jésus - Christ, après avoir pris part comme son père au gouvernement des

---

(1) Adde Venedos, Cathœos, Syros, Pœones, Gelones, et *Germanos* (Tiraquelli annot. in Alex. ab Alex. L. 1, ch. 24).—*J. Cœs. Comm.* Nam propè *soli Barbarorum* Germani , singulis uxoribus contenti sunt , excœptis admodùm paucis, qui, non libidine, sed nobilitate, *plurimis nuptiis ambiuntur.* (Tac. *De mor. Germ.* § 13. —Ælian. *De Var. Hist.* Lib. 13. *id apud siculos fuisse.* (Dion-Cassius, liv. 62. § 6.)

Achéens. Polybe devait être bien sûr de ce qu'il avançait.

« Chez les Lacédémoniens, dit-il, c'est une coutume nationale que trois ou quatre hommes, *s'ils sont frères*, aient *une seule épouse*, et que les enfants leur soient communs (1). »

S'il faut en croire l'historien Justin, Cécrops, fondateur d'Athènes, fut le premier qui joignit l'homme et la femme *par le mariage*, ou, comme le dit Athénée, qui joignit une seule femme à un seul homme. Avant lui, les relations entre hommes et femmes, étaient communes, et chacun agissait au gré de sa passion.

Mais, du temps de Socrate et d'Euripide, il était permis aux Athéniens d'avoir en même temps *deux femmes légitimes,*

Nous en trouvons la preuve dans les écrits de Diogène de Laërte et d'Aulu-Gelle.

Aulu - Gelle dit que Socrate et Euripide eurent deux épouses en même temps, conformément au droit établi par un décret du peuple Athénien. Diogène de Laërte rapporte lui-même que, — d'après les traditions, —

______

(1) Apud Lacædemonios patrium consuetum que est ut unam habeant uxorem tres viri, vel quatuor, si fratres sint, hisque liberi sint communes. (Polyb. Liv. XII, § 8. Ed. F. Did.)

Socrate avait épousé en même temps Xantippe et Myrton ; il ajoute que les Athéniens avaient décrété que les citoyens épouseraient une athénienne , et pourraient avoir des enfants *d'une autre* (1).

On ne trouve ni dans les fragments des lois royales , ni dans les XII tables , ni dans les sénatus-consultes ou plébiscites postérieurs jusqu'à Jésus-Christ, aucune disposition formelle sur le point de savoir si les anciens Romains ne pouvaient pas, comme les autres peuples, pratiquer la polygamie ; cependant il est admis qu'ils ne pouvaient contracter de *justes noces*, c'est-à-dire se marier suivant les règles du Droit Romain, qu'avec une seule femme légitime à la fois.

Cette dernière opinion,--nous nous empressons de le déclarer, — s'appuie sur des présomptions très-graves , et l'on trouve même dans Macrobe une anecdote intéressante qui paraît la justifier.

Autrefois, avant Jésus-Christ, les Sénateurs romains , — pour préparer de bonne heure leurs fils au maniement des affaires publi-

---

(1). Justin. Hist. Liv. II, ch. 6.—Athénée, L. 13, ch. 1.—Sive quod simul duas uxores habuerat · cum id decreto, ab Atheniensibus facto , *jus esset.* (Aul.-Gell. L. 15, ch. 20.) — Athenienses decrevisse ferunt ut urbanam quidem unam uxorem , et ex aliâ procrearent liberos. (Diog.-Laërt. Socrat. § 10. Ed. F. Did.)

ques, — pouvaient les conduire au Sénat, dès qu'ils étaient revêtus de la robe *prétexte*. mais une condition était imposée à ces jeunes gens : c'était de garderr inviolablement le secret des délibérations.

Un jour, un jeune Romain, appelé Papyrius, et qui revenait avec son père d'une séance du Sénat, fut pressé de questions par sa mère, pour dire sur quel sujet on avait délibéré.

Après avoir résisté longtemps, Papyrius finit par avoir l'air de céder, et lui confia — *sous le secret*, — qu'on avait discuté la question de savoir lequel serait le plus utile et le plus avantageux pour la République, qu'un homme eût *deux épouses*, ou qu'une femme eût *deux maris*.

La discussion, — ajoutait-il, — avait été renvoyée au lendemain.

A ces paroles, la mère du jeune Papyrius faillit s'évanouir. Elle sortit, — et ne pouvant contenir son émotion, — elle répandit la nouvelle dans toute la ville.

Le lendemain, à l'heure de la séance, une foule bruyante, tumultueuse, du sein de laquelle on entendait sortir des cris, des sanglots, des supplications, encombrait la place et les abords du Sénat, et refluait jusque dans les rues environnantes.

Le rassemblement était composé de femmes et l'agitation était universelle.

Les Sénateurs s'interrogèrent avec inquiétude et envoyèrent des émissaires au-dehors, pour savoir quelle était la cause de ce tumulte : on vint bientôt leur apprendre que les femmes demandaient une loi, par laquelle on accorderait plutôt *deux maris* pour une seule femme, que *deux femmes* pour un seul mari.

Leur étonnement redoublait, et ils ne comprenaient plus rien à cette affaire, lorsque l'auteur involontaire de ces désordres raconta ce qu'il avait dit, et dissipa l'équivoque.

Les femmes furent congédiées au milieu de l'hilarité générale; et, pour honorer la sagesse de parler et de se taire à propos, à l'âge de la prétexte, les Sénateurs décernèrent au fils de leur collègue le surnom de *Prætextatus*, qu'il continua de porter comme un titre d'honneur, et qu'il transmit dans sa famille (1).

Tel est le récit de Macrobe.

Il semble bien résulter de ce récit, qu'à cette époque au moins, il n'était pas permis à Rome d'avoir *deux épouses* à la fois.

Plutarque vient encore confirmer cette

_____

(1) Lacrymantes atque obsecrantes orant una potius ut duobus nupta fieret, quàm ut uni duæ. (Macrob. *Saturn.* liv. 1, ch. 6.)

opinion , lorsqu'il dit qu'Antoine eut en même temps *deux épouses* , ce que jamais *aucun Romain n'avait encore osé faire avant lui,* et qu'il répudia la romaine et la légitime en faveur d'une étrangère, *prise contre les lois* (1).

D'après Suétone , Jules - César avait eu l'intention d'établir la polygamie à Rome. Helvius Cinna, tribun du peuple, avait avoué à plusieurs personnes qu'il avait eu entre les mains un projet de loi *écrit*, et préparé par les ordres du dictateur, pour autoriser les Romains à prendre autant d'épouses légitimes qu'ils voudraient ; mais cette loi ne fut pas promulguée (2).

On trouve dans les *Commentaires de Gaïus,* dans le *Digeste* et dans le Code, différents textes qui prouvent que l'obligation de n'avoir qu'une seule femme appelée *uxor*, c'est-à-dire mariée *par justes noces (justis nuptiis,)* avait toujours été maintenue dans le dernier état du Droit Romain (3).

---

(1) Quod nemo unquàm Romanus antè osus fuerat.. civem et Romanam ejecit, in gratiam peregrinæ , et *contra leges ascitæ.* (Plut. *Comp. de Demetr. et d'Ant.* § 4, Ed. F. D.)

(2) Uti uxores, liberorum quærendorem causâ, quas et quot vellent, ducere liceret (Suet. *Jul. Ces.* § 52.)

(3) Gaïus, *Comment.* I, § 63.—*Institut.* L. Tit. 10.— *Digest.* Liv. 3, tit. 2, L. 1.—*Code.* liv. 50, tit. 9, L. 6. Liv. 5, tit. 5.)

Mais de ce qu'il serait vrai que les Romains, même avant le Christianisme, n'auraient pas eu le droit de pratiquer la polygamie proprement dite, faudrait-il en conclure que, durant cette période, ils n'auraient pas eu le droit d'avoir des *concubines* dans la maison conjugale, à côté et sous les yeux de la *femme légitime*, et d'arriver ainsi au même résultat par le mariage solennel et le concubinat *simultanés ?*

C'est une autre question, fort intéressante et fort controversée, que nous éclaircirons dans le chapitre suivant.

CHAPITRE III.

**Du droit de mariage solennel et de concubinat
simultanés.**

Parmi les anciennes législations les plus
utiles à consulter, parce qu'elles représentent
encore aujourd'hui, dans leur pureté primitive, la civilisation antérieure à Jésus-Christ,
il en est deux qui étaient restées complètement ignorées, et que nous ne possédons
que depuis peu de temps : nous voulons
parler de la législation Chinoise , tra -
duite pour la première fois en Anglais par
Stounton, et de la législation Annamite,
traduite tout récemment en Français , par
Aubaret.   .

Ces deux législations fournissent , sur la
question du mariage et du concubinat simul-

tanés, quelques détails qui pourront contribuer à faire comprendre une institution très répandue dans l'antiquité, encore en vigueur chez beaucoup de peuples contemporains, mais qui a disparu dans toute l'Europe.

Nous voyons d'abord, dans le Code de la Chine, que lorsqu'un homme prend *une femme légitime*, ce n'est pas lui qui la choisit : ce choix appartient au père ou à la mère du mari, ou, — à leur défaut, — à ses grands parents, qui la prennent dans une famille égale à la sienne, par le rang, la fortune et les alliances : On appelle cette femme, *la femme légitime*, ou principale.

Le mari, qui vit ainsi avec une femme légitime, peut ensuite *épouser* d'autres femmes, qu'il choisit lui-même dans des familles d'un rang inférieur, et qui sont subordonnées à la femme principale : on appelle ces sortes de femmes, les femmes de second rang, ou les *concubines*.

Ces premiers renseignements, fournis par le Code Chinois, se trouvent confirmés et développés dans le Code Annamite.

D'après ce Code, ce sont aussi les aïeuls paternels, ou le père ou la mère du mari, ou les plus rapprochés, — après eux, — dans la ligne paternelle, qui choisissent la femme *légitime,* et procèdent à toutes les cérémonies préliminaires du mariage ; mais il y est dit, de plus, qu'un mari ne peut avoir *qu'une seule femme légitime à la fois :* — « Tout individu, » porte le texte, qui ayant déjà *une femme* » *légitime*, en prendra une seconde, sera puni » de 90 coups, et cette dernière sera rendue » à ses parents. »

Après avoir ainsi posé en principe qu'un homme ne peut avoir *qu'une seule femme légitime à la fois*, le Code détermine très-clairement la position de la concubine, vis-à-vis du mari et de la femme *légitime*.

D'abord, le mari a, sur *la concubine*, les mêmes droits que sur la *femme légitime*, — quand ils ne sont pas plus étendus. — Ainsi, il a le droit de tuer impunément celui qu'il surprend en flagrant délit d'adultère avec sa *concubine*, comme celui qu'il surprend en adultère avec sa *femme légitime*. Il peut tuer, dans le même cas, la *concubine* elle-même, comme la femme *légitime* : il peut aussi la répudier.

Un mari qui frappe sa *femme légitime*, n'est pas puni, à moins qu'il ne lui fasse une *blessure grave*, et, dans ce cas même, la peine est de deux degrés moindre que dans les cas ordinaires : au contraire, s'il frappe sa *concubine*, et lui fait une blessure grave, il est encore puni d'une peine moindre de deux degrés, que celle appliquée en pareil cas, au mari qui blesse son *épouse* ; de sorte que la *concubine* peut être bien plus maltraitée que la femme légitime.

La femme légitime a, sur la concubine, une supériorité et une autorité qui résultent de plusieurs textes formels, épars dans cette législation.

D'abord, si le mari réduit sa *femme légitime* à la position de *concubine*, il est puni de 100 coups de bâton ; si, du vivant de sa *femme légitime,* il donne cette position à sa *concubine,* il est puni de 90 coups, et la *concubine* doit reprendre son rang.

Si sa *concubine* prémédite la mort de *l'épouse légitime*, d'accord avec un complice, qui se rend avec elle coupable d'adultère, cette *concubine* est assimilée à un esclave qui a tramé la mort de sa maîtresse, et doit subir la mort lente.

Dans le cas dont il vient d'être parlé, s'il n'y a eu que des blessures, ou seulement préméditation d'homicide sans blessures, la *concubine* est décapitée sur-le-champ : enfin, si elle insulte la *femme légitime,* elle est punie de 90 coups.

Toutes ces dispositions sont empruntées à la loi fondamentale appelée *Luât*, en Annamite, et *Lû*, en Chinois, loi à-peu-près immuable depuis une haute antiquité, et que les peuples de *race Chinoise* ont adoptée presque intégralement. On voit encore, dans cette partie, que le fait de déclarer comme *enfant légitime*, c'est-à-dire né de la femme principale, l'enfant d'une *concubine*, est puni de 80 coups : cependant, si l'épouse *légitime* est âgée de plus de 50 ans et n'a pas d'enfants, le premier-né de la *concubine* peut être considéré comme enfant légitime, mais la peine est également de 80 coups, si l'on prend un autre enfant que le premier-né, et celui-ci recouvre ses droits.

On voit dans la partie purement réglementaire, appelée *Lê*, et qui est susceptible de changements et de modifications, que le patrimoine *paternel* doit être aujourd'hui partagé entre les enfants mâles, sans distinction de *fils légitime*, de concubine ou d'esclave, mais il est vraisemblable que, dans des temps plus reculés, les enfants des femmes légitimes avaient des priviléges particuliers, en matière de succession ; et il est certain qu'ils en ont encore d'autres aujourd'hui, puisqu'il est défendu, en principe, d'attribuer aux enfants des concubines le rang d'enfants légitimes.

Il ressort de ces faits deux observations importantes : la première, c'est que le concubinat n'est pas un *mariage légitime* propre-

ment dit , mais un *mariage* d'une espèce
particulière, qui ne se contracte qu'avec des
femmes d'une classe inférieure , ou considérées comme indignes de partager le rang
et les honneurs du mari ; la seconde , c'est
que ce mariage inégal , dépourvu de considération pour la femme , moins avantageux
pour les enfants, peut se juxtàposer à côté du
mariage légitime et coexister avec lui : En un
mot , la *concubine* est une femme *mariée*,
mais elle n'est pas une *épouse* dans le sens
légal et solennel de ce mot, et elle peut être
prise *en même temps que l'épouse.*

C'est, — comme on le voit, — une variété
de la polygamie, ou de la polygamie perfec-
tionnée , en ce sens que l'unité de la femme
légitime est substituée à la pluralité des *épou-*
ses, et que la subordination des concubines à
l'épouse est substituée à la rivalité des femmes
légitimes.

Cette antique institution du concubinat,
que nous venons de retrouver, d'une manière
si précise et en même temps si imprévue,
dans ces législations immobiles de la Chine
et de la Cochinchine, était-elle spéciale à ces
deux peuples ?

Nous ne le pensons pas.

Elle se conciliait si facilement avec l'orga-
nisation civile et politique de toutes les

sociétés de cette époque, qu'elle doit avoir existé chez beaucoup d'autres peuples, sinon dans tous les détails, au moins avec les caractères et les traits principaux que nous venons d'indiquer.

En effet, avant Jésus-Christ, la classe des hommes *libres* constituait une véritable aristocratie, qui, non-seulement ne pouvait pas se mêler, par les mariages, avec la classe des *esclaves*, mais qui se subdivisait elle-même en plusieurs autres classes, séparées les unes des autres par les lois ou par les mœurs.

Tous ceux qui, sous des dénominations diverses, appartenaient aux classes supérieures, n'avaient pas toujours le droit de se marier avec les filles des classes inférieures, ou répugnaient à les élever jusqu'à eux par le mariage solennel.

Il était donc tout naturel, qu'à côté du mariage légitime, contracté entre les familles du même rang, et seule source de la descendance légitime, on eût imaginé une autre union, moins honorable que la première, pouvant se concilier avec elle ou se contracter séparément, mais destinée surtout à faciliter, entre les différentes classes, des rapprochements licites qui, sans elle, n'auraient pas existé.

Nous verrons cette vérité s'éclaircir par des

exemples , quand nous étudierons les dispositions du Droit Romain sur le *concubinat.*
Mais , avant de nous engager dans cette discussion, nous devons encore signaler d'autres
faits historiques qui nous apporteront des
lumières précieuses.

Quand on veut bien connaître les mœurs
de l'antiquité antérieure à Jésus-Christ, il est
souvent indispensable d'interroger un ancien
auteur, non moins recommandable par l'exactitude de ses récits , que par le charme de ses
poésies : c'est Homère.

Homère n'a pas seulement peint la civilisation de la Grèce , à l'époque où il écrivait, il a
fait aussi connaître la civilisation de quelques
peuples de l'Asie-Mineure , avec lesquels les
Grecs étaient en relations par le commerce
ou par les guerres.

En lisant *l'Iliade,* il est impossible de ne
pas rester convaincu que la coutume d'avoir,
à côté de la femme légitime et en même temps
qu'elle, d'autres femmes d'un rang inférieur,
existait dans la Troade , comme dans les anciennes contrées Asiatiques dont nous venons
de parler.

Ainsi , le vieux Priam ne donne le titre
d'épouse qu'à Hécube , dont il a dix - neuf
enfants, et cependant il s'enorgueillit d'avoir
encore dans son palais d'autres femmes, dont

il a aussi de nombreux fils et de nombreuses filles (1).

En lisant l'Odyssée, on trouve les mêmes renseignements sur les peuples de la Crète.

Ainsi, Ulysse raconte qu'il était né dans la *Crète*, d'un père qui avait eu de son *épouse* plusieurs fils *légitimes*, mais que sa mère était une *concubine achetée* : Il ajoute que son père l'honorait autant que ses enfants issus de son *mariage*, et qu'après sa mort, ses frères ayant partagé et tiré au sort ses grands domaines et ses richesses, lui donnèrent une maison, avec une faible part de leurs trésors (2).

Il est également impossible, quand on vérifie avec soin le sens des expressions sur le texte, de ne pas voir, dans Homère, que les Grecs eux-mêmes avaient admis le mariage solennel et le concubinat simultanés.

Ainsi, dans un des chants de l'*Iliade*, quand Phénix, voulant calmer la colère d'Achille contre Agamemnon, rappelle ses titres à sa confiance, il dit qu'il a quitté *l'Hellade*, pour fuir l'indignation de son père

______

(1) Novemdecim prodierunt ex utero mihi tuo liberi: alios *mihi* pepererunt in palatio *feminæ*. (Athénée ; Deipn. Liv. 13, ch. 1.)

(2) Multi vero et alii filii, in domo et educati sunt et nati, *legitimi ex uxore* : me autem Empta peperit mater *pellex*. (Chant XIV. V. 200 et suiv. Éd. F. Did.)

Amyntor, parce qu'il était jaloux d'une de ses *concubines* et méprisait *son épouse* (1).

Partout, dans ces deux poëmes, la concubine se trouve désignée par le mot de παλλακις, que l'on retrouve souvent dans les auteurs Grecs postérieurs à Homère, et qui a passè dans la langue latine, sous le nom de *Pellex*.

Quelle était la position de la concubine dans la Grèce ? Etait-elle *mariée* à celui qui l'avait prise à ce titre, comme elle l'est encore aujourd'hui dans une partie de l'Orient ?

On ne saurait guère en douter, en lisant un discours de Lysias, qui était né à Athènes, sous l'archontat de Philoclès, environ 450 ans avant Jésus-Christ.

Lysias dit que, dans la salle de l'aréopage, sur une colonne, on avait gravé une loi qui défendait formellement de condamner comme meurtrier quiconque aurait tué l'amant de sa femme ou de ses *concubines*, s'il le surprenait en flagrant délit d'adultère : « appliquée, dit-il, au séducteur de *l'épouse*, cette punition a paru si juste au législateur, qu'il l'impose encore quand il s'agit des *concubines*, qui

---

(1) .... Qui mihi de *pellice* irascebatur, quam ipse diligebat, sed ignominiâ officiebat *uxorem*, matrem meam. (Homère, *Chant* 9. V. 447 et suiv.)

sont certainement d'un moindre prix (1). »

Il est à remarquer que Lysias, pour désigner ces concubines, se sert du même mot qu'Homère : παλλακις.

Mais pour que le législateur eût permis à un homme de tuer impunément l'amant de sa *concubine*, il fallait nécessairement que cette concubine fut *mariée* ; car, en aucun temps, et en aucun pays, il n'a été permis, dans le même cas, de tuer l'amant d'une courtisane ou d'une simple maîtresse.

Le concubinat était donc, même en Grèce, un mariage, une union reconnue par les lois, une cohabitation légale, quoique d'un ordre inférieur, et ne se confondait pas avec ce que nous appelons aujourd'hui le concubinage.

Si cette raison n'était pas décisive, on pourrait encore invoquer les paroles d'Isée, dans son plaidoyer pour la succession de Pyrrhus : il y est dit, en effet, que « tous ceux qui livrent une femme pour le concubinat ont soin de faire leur marché, et de convenir de la somme qui doit être remise à cette concubine, pour le cas où elle est renvoyée (2). »

---

(1) Minore certè pretio dignis (Lysias, sur le meurtre d'Eratosth.)

(2) Nàm etiàm qui ad *pellicatum* mulieres elocant, omnes caveri sibi curant de emolumentis quorum fructum sperare debeat ejusmodi *pellex*. (Ed. F. Did. § 39.)

Démosthène, qui est venu après Isée, comme Isée est venu après Lysias, a parfaitement décrit la différence qui existait entre la courtisane, la concubine et l'épouse ; « Nous nourrissons, dit-il, des courtisanes pour le plaisir, des *concubines* (παλλαχας) pour les soins quotidiens du corps, et des *épouses* pour la procréation des enfants *ingenus*, et la garde fidèle des choses domestiques (1) »

Nous pouvons donc dire que, chez les Grecs, la *courtisane* pouvait se livrer librement à tous ceux qui lui convenaient ; que la *concubine* au contraire, ne pouvait, *sous peine d'adultère*, se livrer qu'à celui auquel elle était *mariée à ce titre*, et que sa principale fonction consistait à prendre soin du vêtement, de la nourriture, des appartements ; enfin que *l'épouse* n'avait pour fonction que de donner au mari des enfants légitimes, et de gouverner l'intérieur de la maison (2).

—On pouvait, à Athènes, *épouser* une femme sur le pied de *concubine*, et recevoir pour elle une dot. (Note de Stiévenart, Trad. de Démosth.)

(1) Meretrices voluptatis causâ alimus, concubinas propter quotidiana ministeria corporis, uxores propter ingenuos liberos suscipiendos, et fidelem rei familiaris custodiam. (Demosth. C. Neœra.)

(2) Præter legitimas uxores, fuerunt antiquioribus Græcis etiam in usu aliæ feminæ quibuscum *cubabant :* Erant illæ plerumquè servæ, in bello captæ, aùt pretio coemptæ.. Eas *pellices* vocabant quæ legitimis uxoribus *superinducebantur*. (Evererdii Festii, antiquit. Homeric. Liv. 2. Cap. 15.)

Comme ce point a une grande importance, nous ne pouvons mieux faire que de résumer tout ce qui vient d'être dit, par quelques mots très-justes, empruntés à un ancien livre sur les *antiquités Grecques*.

« Le nombre des concubines, dit l'auteur de ce livre, n'était pas limité : c'était ordinairement des captives, ou des esclaves achetées à prix d'argent, soumises aux ordres de *l'épouse*, à qui sa dot et mille autres avantages garantissaient toujours le premier rang : les femmes grecques, loin de voir en elles des rivales, ne regardaient leur grand nombre que comme un accroissement de leur puissance (1).

La preuve de l'existence *simultanée* du mariage légitime et du concubinat, chez les Grecs, étant ainsi établie, nous allons étudier le *concubinat* chez les Romains, avant Jésus-Christ.

Les Romanistes, qui ne s'occupent guère de comparer les différentes législations payennes antérieures à Jésus-Christ, et n'étudient le vieux Droit de Rome que dans les *Pandectes* et les *Institutes* de Justinien, ne manquent pas de soutenir que les Romains ont toujours été *monogames*; et qu'avant les lois caducaires,

---

(1) Robinson, T. 2, p. 263.

c'est-à-dire avant Auguste, les rapports qu'on pouvait avoir avec une *concubine*, ne pouvaient constituer qu'une fornication ou un *stupre* (1).

Pour parler de la sorte, il faut ignorer l'histoire de tous les anciens peuples, vouloir expliquer le paganisme par le *christianisme*, et confondre des principes qui étaient tout-à-fait différents.

A l'époque de la fondation de Rome, il y avait déjà plusieurs siècles que les Pélasges, qui étaient d'origine Indo - Germanique, avaient pénétré dans l'Italie et construit, jusque dans le Latium, des villes dont on voit encore aujourd'hui les murailles marquées de signes caractéristiques.

Rome elle-même a été presque tout entière *Pélasge* (2).

Si Rome a été *Pélasge*, ou fondée par des peuples d'origine *Indo-Germanique*, comment ne devine-t-on pas que les Romains, qui étaient composés des *descendants* de ces peuples, c'est-à-dire d'Èques, de Volsques, d'Etruriens et de Tyrrhéniens, avaient conservé leurs anciennes institutions, en matière

----

(1) Pillette, Lett. à M. de Rozière, sur le concubinat chez les Romains, Revue du Droit Fr· et Etr. T. II. p. **211.**

(2) (Ampère, hist. Rom. à Rome, T. I, ch. 6.)

de mariage, et continué d'avoir des concubines, à côté de l'épouse ou de la femme principale, comme les Indiens, comme les Germains, comme les Troyens, comme les Crétois, et surtout comme les Grecs, qui descendaient aussi de ces peuples?

Mais la preuve qu'ils avaient conservé le mariage solennel et le concubinat simultanés, comme tous ces peuples, se trouve dans des documents historiques aussi décisifs que variés.

Et d'abord, il existe une ancienne loi de Numa, qui était conçue en ces termes: « que la concubine, *(pellex)* ne touche pas l'autel de Junon; si elle le touche, que, les cheveux déliés, elle immole un agneau femelle à Junon. »

Quel était le sens de cette loi?

Les Romanistes se sont perdus en conjectures sur ce texte, et quelques-uns ont cru que Numa avait voulu interdire aux Romains d'avoir des concubines, surtout lorsqu'ils étaient mariés.

Rien n'est plus éloigné de la vérité que cette explication.

On sait que l'épouse de Jupiter, qui avait reçu les surnoms de *Jugalis* et de *Pronuba,* présidait aux mariages solennels, et avait *en horreur les concubines* (1).

On comprend, dès-lors, pourquoi le législateur Romain avait employé cette formule.

En interdisant aux concubines de toucher l'autel de Junon, il disait tout simplement que l'on ne devait pas observer, pour prendre une femme *à titre de concubine*, les cérémonies religieuses prescrites pour prendre une femme *à titre d'épouse* ; et cette distinction n'avait pas d'autre but que de rappeler la ligne de démarcation établie entre le concubinat et le mariage solennel, ou de marquer la situation d'infériorité et de subordination que la concubine devait garder vis-à-vis de la femme principale.

Tout ce qu'on peut donc induire raisonnablement du texte de cette ancienne loi, c'est que, *du temps de Numa*, il y avait à Rome, des concubines appelées *pellices*, comme il y avait en Grèce, des concubines appelées παλλακας, et que ces femmes, inférieures *aux épouses*, vivaient *légalement* avec des hommes mariés.

Maintenant que nous avons restitué le véritable sens de la loi de Numa, en l'éclai-

____

(1) Juno *pellices* acerrimè persecuta est. (St. Clém. d'Alex. Strom. L. 2. 23.)

rant par les législations de l'Orient, nous allons encore justifier notre explication par le témoignage de plusieurs écrivains *Latins*, qui ne paraissent pas avoir été plus consultés par les Romanistes.

On lit, dans les pandectes de Justinien, que les lois Curiates, portées par Romulus et ses successeurs, furent réunies par Papirius, et reçurent le nom de *Droit civil Papirien* : le livre de Papirius est perdu, mais Granius Flaccus, qui était contemporain de Varron et de Cicéron, a fait un commentaire sur le *Droit civil Papirien*. Il existe un fragment de ce commentateur, où nous trouvons la définition de la *concubine* :

« *Maintenant*, dit Granius Flaccus, on appelle ordinairement concubine *(pellex)*, celle qui vit conjugalement avec un homme qui a *une épouse* (1). »

Il est donc certain que, — *du temps de Granius Flaccus et de Cicéron*, — c'est-à-dire peu d'années avant Jésus-Christ, nous retrouvons à Rome, — pour désigner la concubine, — le même mot qui était employé par Numa, et la même définition de ce mot, d'après Homère et les auteurs Grecs.

______

(1) « Pellicem *nunc* vulgo vocari quæ rum eo, cui uxor sit, corpus misceat. » (Dig. L. 50, tit. 16. L. 144 de Verb. signif. — 1, 2. De orig. juris 2. §§ 2 et 36.)

Mais voici un fait encore plus significatif :

Un père de famille revient d'Espagne, laissant, dans la province , une *épouse* enceinte (uxorem). Pendant qu'il était à Rome , et avant d'avoir envoyé à son épouse un libelle de divorce, il se MARIE une seconde fois, devient père d'un second enfant , et meurt ensuite intestat. — Quelle est la situation de sa seconde femme ?

Si l'on décide que le premier mariage n'est pas annulé de plein droit par le second , comme s'il y avait eu notification du divorce, la seconde femme ne peut pas être légalement une épouse , (uxor,) puisqu'on ne peut pas , à Rome , avoir deux épouses à la fois : que sera-t-elle donc ?

C'est Cicéron lui-même qui va se charger de nous répondre , et il nous apprend que cette seconde femme devait être considérée comme *une concubine* (1).

Mais s'il n'avait pas été permis , à cette époque , à Rome , d'avoir en même temps une épouse et une concubine, cette seconde femme n'aurait pas même été une *concubine,* car le concubinat, dans ce cas , n'aurait pas été moins désavoué par la loi que le second

---

(1) Quæ , si judicaretur , certis quibusdam verbis , non novis nuptiis fieri cum superiore divortium, *in concubinæ locum duceretur*. (Cicér. *De Orat.* liv. I, § 40.)

mariage : donc , il était permis , *du temps de Cicéron* , d'avoir une concubine en même temps qu'une épouse.

Interrogeons , maintenant , des écrivains postérieurs au christianisme.

Aulu-Gelle, qui est mort sous le règne de Marc-Aurèle , c'est-à-dire vers la fin du 2° siècle de l'ère chrétienne, a composé ses nuits attiques, à *Athènes,* dans un âge fort avancé : il connaissait aussi bien les usages de la Grèce que les usages de Rome, et son témoignage doit avoir quelque autorité.

Voici, littéralement, ce qu'il dit :

« On appelait *pellex* , et l'on regardait comme méprisable , celle qui était *unie et habituée* avec celui sous le pouvoir duquel une autre femme était engagée *par le mariage :* c'est ce que l'on reconnaît par cette très-ancienne loi de Numa : *que la pellex ne touche pas l'autel de Junon...* (1). »

Déjà, à cette époque, le mot Grec *pellex* avait été remplacé, à Rome, dans la langue vulgaire, par le mot latin *concubina :* Aulu-Gelle explique le sens de ce vieux mot, et dit que la concubine était méprisable , parce

______

(1) Pellicem autem appellatam, probosam que habitam, quæ *juncta consueta* que esset cum eo , in cujus manu mancipio que alia *matrimonii causá foret.* (Aul.-Gel. Liv. IV, ch. 3.) — Le mot *juncta* peut se traduire aussi par *mariée.*

qu'on la prenait, à Rome comme en Grèce, parmi les affranchies, les captives, ou les femmes de basse extraction.

Tout cela est très-exact.

Il est à remarquer que l'édit du préteur, qui notait d'infâmie celui qui contractait *deux fiançailles, ou deux mariages légitimes en même temps*, ne frappait pas de la même réprobation celui qui avait, en même temps, une épouse et *une concubine* (1).

Ce silence de l'édit du préteur n'est-il pas lui-même bien éloquent?

Enfin, Festus, qui écrivait vers la fin du IIIe ou le commencement du IVe siècle de l'ère chrétienne, nous dit positivement que les concubines étaient *mariées à des hommes mariés.*

« Les anciens, dit-il, nommaient proprement *pellex*, la femme qui *se mariait* à un homme *ayant une épouse* : une peine a été établie contre ce genre de femmes par cette loi de Numa Pompilius : *Si la pellex touche l'autel de Junon, etc.* (2). »

N'est-ce pas encore plus clair?

Seulement Festus, à l'époque où il écrivait, c'est-à-dire sous l'influence des idées chré-

____

(1) Bina sponsalia binas ve nuptias, in eodem tempore constitutas (Dig. L. 3, Tit. 9.)

(2) Quæ *uxorem* habenti *nubebat.* (Festus, V. Pellex.)

tiennes, s'expliquait mal, quand il disait que Numa avait établi une peine *contre les concubines* : Numa n'avait établi une peine que contre *celles* qui osaient toucher l'autel de Junon.

La coexistence légale du mariage solennel et du concubinat, chez les Romains, depuis la fondation de Rome jusqu'à l'époque du christianisme, ne pouvant plus être révoquée en doute, nous allons indiquer les raisons sur lesquelles s'appuient les Romanistes pour soutenir la thèse contraire.

Ils s'appuient d'abord sur cette loi de *Justinien* : « *ni les droits antiques*, ni les nôtres, ne permettent aux hommes qui ont une épouse d'avoir des concubines affranchies ou esclaves (1). »

Cet argument n'a aucune valeur.

Pothier fait observer, avec raison, que le droit quelconque, en usage avant la loi qui le consacrait, était appelé le *Droit antique*, toutes les fois qu'il était en concurrence avec un droit plus moderne, et surtout *avec les différentes constitutions des Empereurs* (2).

Or, à quoi Justinien faisait-il allusion, en disant que les *droits antiques* ne permettaient

---

(1) Nec *antiqua jura*. (C. L. 7. Tit. 15, L. 3.)
(2) Fragm. des lois des XII tables. T. 1, P. 334 de la traduction.

pas d'avoir, durant le mariage, des *concubines ?* à une constitution d'un de ses prédécesseurs, l'Empereur Constantin, qui remontait à plus d'un siècle auparavant, c'est-à-dire en 423 de l'ère chrétienne, et qu'il avait précisément insérée dans son propre code !

Elle était ainsi conçue : « Il n'est permis à personne, durant le mariage, d'avoir près de soi *une concubine* (1). »

Ce texte de la constitution de Justinien ne prouve donc pas que le mariage solennel et le concubinat simultanés étaient interdits à Rome, *avant le christianisme.*

Mais les Romanistes s'appuient encore sur un autre texte, tiré des *sentences de Paul*, et qui est ainsi conçu : « Dans le temps où un homme a une *épouse*, il ne peut pas avoir une *concubine* : c'est pourquoi la concubine est séparée de l'épouse par le *seul délit* (2).

Quand il serait vrai que ce texte serait parfaitement exact, et devrait être admis, la question n'aurait pas fait un pas, et n'aurait aucune force pour ébranler la thèse que nous soutenons.

En effet, le jurisconsulte Paul, avocat sous

----

(1) Code, Liv. 5. Tit. 16. L. I. *ad populum.*

(2) Eo tempore quo quis uxorem habet, concubinam habere non potest : concubina *igitur* solo delicto separatur. (Liv. 2, Tit. 20.)

Septime Sévère et Antonin Caracalla, exilé par Héliogabale, et rappelé à Rome par Alexandre, écrivait au IIIᵉ siècle *de l'ère chrétienne*, c'est-à-dire à une époque où, *depuis longtemps*, les nouveaux principes du christianisme avaient fait irruption dans le vieux Droit Romain : en accordant donc que cette sentence fût déjà acceptée au IIIᵉ siècle, on ne pourrait pas dire qu'elle l'était *avant le christianisme...*

Mais qui ne voit, *avec le savant jurisconsulte Hotman*, que ce texte a été manifestement falsifié ?

Si, comme le dit Paul, il n'était pas permis d'avoir une concubine en même temps qu'une épouse, quelle aurait dû en être la conséquence ? — C'est que l'adjonction d'une concubine à l'épouse n'aurait pas été moins criminelle que l'adjonction d'une seconde épouse à la première.

Mais, au contraire, Paul en tire la conséquence, que la concubine *est séparée* de l'épouse par *le délit;* il faut donc reconnaître que, pour mettre les sentences de Paul d'accord avec le Code, un maladroit copiste a glissé une négation qui rend la phrase inintelligible, et que le texte doit être rétabli ainsi, comme le propose Hotman : « Celui qui a une épouse peut avoir, en même temps, une concubine; *c'est pourquoi* (igitur) la concubine est séparée de l'épouse par le *seul délit* (1). »

En effet, la concubine est elle-même une *espèce d'épouse*, et c'est pour cela que, d'après un autre fragment de Paul, inséré au Digeste, « la pellex est celle qui est dans la maison pour remplacer l'épouse, (loco uxoris,) *sans justes noces*, et que les Grecs appellent παλλακῇ (2). »

Les anciens auteurs l'appelaient, en effet, une *vice-épouse*.

En vérité, quand on voit l'Empereur Vespasien lui-même, en pleine Rome, plus de soixante-dix ans après Jésus-Christ, vivre publiquement *au milieu de nombreuses concubines*, — ainsi que l'établit Suétone, — il faut avoir de grandes illusions, pour croire que, de Romulus à Tibère, les descendants des Pélasges et des Sabines ne furent que des *monogames*, dans le sens que nous donnons aujourd'hui à ce mot (3).

---

(1) Voir la dissertation de Hotman sur les textes du Digeste : Verbo, *concubina*, de Verb. signif. — Palœot. de noth. et spur. C. 12, etc.

(2) Quosdam eam quæ. *uxoris loco*, sine nuptiis, in domo sit, quam παλλακῇ Græci vocant. (Digeste, Liv. 50, Liv. 16. L. 144.)

(3) Accubante aliquâ pallacarum, quas, in locum defunctæ cœnidis, *plurimas* constituerat. (Suétone, Vesp. § 21.)

Oui ! *des monogames* , qui pouvaient avoir des concubines ?...

Nous sommes d'accord ? — passons !

CHAPITRE IV.

Du droit de répudiation ou de divorce.

A mesure que nous pénétrons dans l'étude des vieilles législations de l'Orient, nous découvrons plus clairement qu'elles ont dû servir de type et de modèle, — au moins sur les points essentiels, — aux législations des autres peuples du monde, avant Jésus-Christ : nous trouvons, pour ainsi dire, à chaque page, la preuve qu'en émigrant des plateaux de l'Asie, pour s'établir, tour à tour, dans les contrées encore inhabitées de l'Europe et de l'Afrique, les peuplades primitives ont transporté, partout avec elles, leurs principales institutions et leurs mœurs.

Après avoir constaté que, — chez tous les peuples de l'Orient, — les législations avaient

admis le droit de vie et de mort, l'esclavage,
le droit de mutilation des membres, de la
castration, de la marque, de la bastonnade,
de la flagellation ou des coups, *dans l'intérieur de la famille*, nous avons retrouvé les
mêmes institutions et les mêmes lois dans
tous les états de l'Occident, dont la formation
est, évidemment, d'une époque postérieure,
— De même, en étudiant l'histoire du droit
de répudiation ou de divorce, sur les lieux
mêmes qui furent le berceau de la civilisation,
c'est-à-dire parmi les anciennes législations
asiatiques les plus célèbres, avant Jésus-
Christ, nous allons découvrir des lumières
tout-à-fait nouvelles, et comprendre, *d'une
manière bien plus exacte*, les principes admis
en cette matière, par tous les anciens peuples
occidentaux.

Il était dit formellement, dans les lois de
Manou, que, — même après l'avoir épousée
régulièrement, — un homme *devait* abandonner une jeune fille ayant des marques fu-
nestes, ou *malade*, ou polluée, ou qu'on lui
avait fait prendre par fraude. Cette loi permettait en outre, à un mari, de faire annuler
l'acte de mariage, si la fille qu'il avait épousée, avait « *quelque défaut*, » dont les parents
n'avaient pas eu soin de le prévenir.

Si une femme était adonnée aux liqueurs

énivrantes ; si elle avait de mauvaises mœurs ; si elle était toujours *en contradiction* avec son mari ; si elle était attaquée d'une maladie incurable, comme la lèpre ; si elle était *d'un caractère méchant*, ou si elle dissipait son bien, elle devait être remplacée par une autre femme (1).

Si une femme était *stérile*, elle devait être remplacée la huitième année ; si ses enfants étaient tous morts, la dixième ; si elle ne mettait au monde que des *filles*, la onzième ; si elle parlait avec aigreur, sur le champ !

Le législateur avait paru s'attendrir un instant, à la pensée qu'un mari pourrait répudier sa femme, par le seul motif qu'elle était malade, et il avait admis ce correctif que, dans ce cas, *si elle était bonne et vertueuse*, elle ne pourrait être remplacée par une autre, qu'autant qu'elle y consentirait, et ne devait jamais être traitée avec mépris ; mais, cet attendrissement n'avait pas été de longue durée, et, dans la disposition suivante, il avait interdit, sous peine de prison et d'humiliation, à une femme répudiée, de laisser échapper un moment de mauvaise hu-

---

(1) Littéralement ; suspendue de ses fonctions. Son mari pouvait épouser une autre femme. (Commentaire de Loiseleur Deslongchamps.)

meur, au moment où le mari la chassait de la maison.

« La femme répudiée légalement, disait la loi, qui abandonne avec colère la maison de son mari, doit être *détenue* à l'instant, ou répudiée, *en présenee de la famille réunie.* »

Nous venons de voir, par ce qui précède, que les maris, dans l'Inde, avaient un droit très-étendu de répudiation : nous allons voir maintenant, qu'ils pouvaient encore, dans certains cas, dépouiller leurs femmes de leur fortune, en les répudiant.

Il suffisait, pour cela, de supporter leur mauvaise humeur pendant une année.

Voici le texte : « Durant une année entière, qu'un mari supporte l'aversion de sa femme ; mais après une année, *(si elle continue à le haïr,) qu'il prenne ce qu'elle possède en particulier, lui donne seulement de quoi subsister et se vêtir, et cesse d'habiter avec elle.* »

Nous ne trouvons pas, dans les lois de l'Inde, une seule disposition qui permette aux femmes de répudier leurs maris : nous en trouvons, au contraire, qui obligent la femme à garder la fidélité conjugale et à se livrer au travail le plus pénible, dans le cas de l'absence prolongée du mari.

Si, avant de partir, disait la loi, le mari a donné à sa femme de quoi subsister, elle doit vivre en menant une conduite austère ; s'il ne lui a rien donné, elle doit gagner sa vie en exerçant un métier honnête, comme, par exemple, celui de filer. Si le mari est parti pour remplir un devoir pieux, elle doit l'attendre huit ans ; si c'est pour des motifs de science ou de gloire, six ans ; si c'est pour son plaisir, trois ans : après ce terme, disait ironiquement la loi, *qu'elle aille le retrouver !* (1).

Telle était la situation des femmes dans l'Inde.

D'après le code de la Chine, les maris avaient le droit de répudier leurs femmes pour des causes aussi nombreuses, aussi vagues et aussi arbitraires que celles qui sont indiquées dans le code de l'Inde : ainsi, ils pouvaient les répudier, lorsqu'elles étaient *stériles*, ou de mauvaises mœurs ; lorsqu'elles témoignaient du mépris envers les père et mère de leurs maris ; lorsqu'elles se faisaient remarquer par une *propension* à la médisance, ou par le *penchant* au vol ; ou, enfin, lorsqu'elles avaient un caractère jaloux, ou une maladie habituelle.

Le Code admettait des exceptions à cette règle, lorsque la femme avait porté le deuil pour le père ou la mère de son mari pendant

---

(1) Loi de Manou. Liv. 9. St. 72 et suiv.

trois ans ; lorsque la famille du mari était devenue riche, de pauvre qu'elle était, avant son mariage ; enfin, lorsque la femme n'avait plus ni père ni mère pour la recevoir.

Ces dernières dispositions auraient été excellentes, si la loi n'avait admis, en même temps, le divorce par consentement mutuel : comme les maris avaient le droit d'exercer impunément sur leurs femmes les traitements les plus cruels, il est évident que, même pour les exceptions dont il s'agit, il leur était toujours facile d'obtenir leur consentement au divorce.

Il est presqu'inutile d'ajouter que les maris pouvaient toujours répudier leurs femmes pour cause d'adultère, et ils y étaient même obligés, dans tous les cas sans exception, sous peine de recevoir quatre-vingts coups.

Jamais, du reste, dans la Chine, pas plus que dans l'Inde, les femmes ne pouvaient répudier leurs maris (1).

Dans le code du royaume d'Annam, les causes qui permettent aux maris de répudier leurs femmes, sont encore aujourd'hui au nombre de sept, et sont indiquées textuellement de la manière suivante : la stérilité.

____

(1) Ta Tsnig leu lée. (Sect. 126 du divorce.)

l'adultère, le manque de piété filiale envers le père et la mère du mari, le BAVARDAGE, le vol, la jalousie, les graves infirmités.

Comme dans la Chine, le Code Annamite dit que le divorce n'aura pas lieu dans les trois cas qui suivent : Deuil de trois ans pour la perte du père ou de la mère du mari ; femme que l'on a épousée étant pauvre, le mari étant devenu riche ; femme qui a perdu ses parents depuis son mariage.

Il faut dire, pour l'honneur du Code Annamite, qu'il condamne un mari à recevoir soixante coups, lorsqu'il répudie son épouse au mépris de ces prohibitions : mais comme il permet aussi le divorce par *consentement mutuel*, il reste aux maris la même ressource de forcer leurs femmes à demander le divorce lorsqu'ils veulent s'en débarrasser.

Dans le cas d'adultère de la femme, le mari doit aussi, et dans tous les cas, demander le divorce, sous peine de recevoir quatre-vingts coups.

On voit clairement, dans ce code, que les femmes ne peuvent jamais répudier leurs maris.

Cette règle résulte de la disposition suivante que nous transcrivons littéralement : « *Si le mari ne veut pas le divorce d'avec sa femme*, mais que celle-ci, le désirant beaucoup, s'enfuie de la demeure conjugale, elle sera punie de cent coups et rendue à son mari, qui pourra la *vendre* ou la marier à son gré (1).

Si nous jetons un regard d'ensemble sur toutes ces dispositions, nous remarquerons qu'elles se résument dans trois idées principales : la première, c'est que les maris seuls peuvent répudier ; la seconde, c'est qu'ils peuvent répudier arbitrairement ; la troisième, c'est que, dans tous les cas, le divorce peut avoir lieu par consentement mutuel.

Quelles étaient les formes de procéder pour arriver au divorce? Fallait-il répudier en présence de témoins, ou rédiger un acte de répudiation ? Cet acte devait-il être transcrit sur des registres publics ? — Dans le cas où le divorce ne pouvait avoir lieu que par consentement mutuel, ne fallait-il pas que l'époux qui désirait le divorce, comparût devant le juge avec celui qui pouvait le refuser, afin de faire constater la preuve de son consentement?

Nous ne trouvons aucuns renseignements sur ces points, dans les Codes de l'Inde, de la Chine ou de la Cochinchine ; mais, une

______

(1) Code Annamite. Liv. 5, section 15. Voyez dans le même sens : *Usages civils et religieux des Perses*, par Anquetil-Duperon, T. II, P. 561. (Commentaires sur le Zend-Avesta).

chose très-remarquable, c'est que les principales idées exposées dans ces Codes, en matière de divorce, se retrouvent dans tous les fragments des anciennes législations de l'Occident, qui nous restent encore aujourd'hui.

Ainsi, d'abord, — dans la Grèce, — il paraît certain que si les maris pouvaient répudier leurs femmes, les femmes ne pouvaient pas répudier leurs maris : on trouve la preuve de ce dernier fait, dans une tragédie d'Euripide, où le poète met ces paroles dans la bouche de Médée :

« De tous les êtres animés et qui ont une âme, nous autres femmes, nous sommes l'espèce la plus malheureuse : il nous faut, d'abord, avoir une grande quantité d'argent pour trouver un mari, et recevoir ainsi le maître absolu de notre corps. Mais il existe encore un mal plus grave que ce mal, et qui consiste à savoir si ce maître que l'on reçoit est bon ou méchant, car *les divorces ne sont pas honnêtes pour les femmes, et il ne peut pas se faire que nous répudions un mari* (1). »

Ce principe est, comme on le voit, conforme à celui qui avait pris naissance dans

---

(1) Non enim honesta sunt divortia mulieribus, neque fieri potest ut repudiemus maritum. (Euripide, Médée. V. 230 et suiv. Ed. Firm. Did.)

l'Inde, et dont nous avons suivi la trace dans
la Chine et la Cochinchine.

Nous n'ignorons pas qu'Hipparète, femme
d'Alcibiade, humiliée de voir son mari remplir sa maison de courtisanes Athéniennes ou
étrangères, alla se plaindre à l'archonte, et
remit elle-même, entre ses mains, un écrit par
lequel elle demandait *le divorce* ; nous savons
même que cette procédure était autorisée *par
la loi.* Toutefois, nous devons faire observer
que le droit de demander le divorce n'appartenait aux femmes, dans la Grèce, *qu'à
titre d'exception*, et nous expliquerons plus
loin, — en parlant des femmes Romaines, —
comment il faut concilier la conduite d'Hipparète avec le principe de droit rappelé par
Euripide.

Tous les auteurs reconnaissent, du reste,
que chez les Grecs, le divorce s'accordait
à la demande des deux parties, qui conser-
vaient la faculté de former de nouveaux
nœuds : c'était encore le divorce *par consentement mutuel*, que nous avons trouvé
dans l'Orient (1).

A Rome, le flamine, c'est-à-dire le Grand-
prêtre de Jupiter, et la femme du Flamine,

____

(1) Plutarque, *Vie d'Alcibiade.* § 9.—Andocide contre
Alcibiade, § 14. — Plutarch. in Péricl. — in Demetr. —
Robinson, antiq. Græc. T. 2. p. 262.

ne pouvaient pas divorcer ; mais, en dehors de cette exception, le droit de répudiation ou de divorce a toujours existé, *pour tous les Romains*, depuis la fondation de Rome, jusqu'à la prédication du christianisme.

Denys d'Halicarnasse dit que, — pour l'établissement de ses lois, — Romulus ne voulut rien faire qui ne fût conforme *aux anciens usages*, et consulta ce qu'il y avait de plus saint et de plus universellement reçu dans la religion des Grecs (1).

Ce témoignage prouve, une fois de plus, combien les lois Romaines se rapprochèrent, dès l'origine, des lois Helléniques : aussi voyons-nous que Romulus permit également aux maris de répudier leurs femmes, et même de les répudier *arbitrairement*.

Il déclara, d'abord, que ce droit de répudiation pourrait avoir lieu pour trois causes : 1° Lorsque les femmes auraient empoisonné leurs enfants ; 2° lorsqu'elles auraient détourné les clefs ; et 3° lorsqu'elles auraient commis l'adultère.

En dehors de ces trois causes, il admit que les maris pourraient encore répudier leurs femmes, mais il décida qu'ils devraient alors leur laisser une partie de leurs propres

---

(1) Den. d'Halyc. L. I, § 18.

biens, et en consacrer une autre partie à Cérès.

Dans tous les cas, ils devaient apaiser les dieux infernaux.

Mais ce qu'il importe de ne pas oublier, — parce que ce détail montre le rapport qui existe entre les lois Romaines et les lois Grecques, en matière de divorce, — c'est que Romulus défendit formellement *aux femmes de répudier leurs maris* (1).

Sous l'empire de la loi des XII Tables, les faibles restrictions, apportées par Romulus, au droit de répudiation des maris, disparurent : ces restrictions, n'avaient été admises, que pour encourager les alliances des peuples étrangers avec une nation naissante, et n'avaient plus de raison d'être, au temps des décemvirs. Le droit commun reprit son empire, et les maris continuèrent d'avoir le droit de répudier leurs femmes, sans être obligés de donner une partie de leurs biens.

Les savants ne sont pas bien fixés sur les termes de la loi des XII Tables, qui leur rendait ce droit absolu de répudiation.

Les uns pensent qu'elle était ainsi conçue : « Si un mari veut envoyer le libelle du di-

---

(1) Dura est lex *quæ mulieri a viro divertere prohibet,* ac viro permittit illam repudiare. (Plutarque, *Vie de Rom.* § 22. Ed. F. D.)

vorce à sa femme, *qu'il allègue la cause pour laquelle il la répudie.* » Les autres pensent qu'il faut rétablir la loi de cette manière : « Que celui qui veut divorcer d'avec sa femme lui rende ses biens, qu'il lui reprenne les clefs, et la renvoie hors de sa maison (1). »

C'est cette dernière opinion qui nous paraît la plus exacte.

En effet, s'il avait fallu faire connaître la *cause* de la répudiation, comment explique-rait-on l'anecdote suivante, rapportée par Plutarque, en parlant du divorce de Paul-Emile, avec Papyria, qui était la fille d'un personnage consulaire : —Un Romain, disait-il, avait envoyé à sa femme le libelle de divorce : ses amis lui reprochaient sa conduite, et lui disaient: mais n'est-elle pas belle? n'est-elle pas sage? n'est-elle pas féconde? — Regardez cette chaussure, répondit le mari, en allongeant le pied : — n'est-elle pas élégante? n'est-elle pas neuve? — Eh bien, aucun de vous ne peut savoir où elle me blesse ! (2).

Si la loi avait obligé d'énoncer la *cause* de

----

(1) Si vir repudium mittere volet, causam deicitod. harum ce, unam. (Godefroy.) — Qui divortium facere volet, res suas sibi habeto, claves uxori adimito, foras eam exigito. (Rittershusius). — V. aussi Lorin le Char-ron, Muret, Pierre-Victor, et Pothier. Pand.)

(2) Plutarque, *Vie de Paul-Emile.*

la répudiation , personne n'aurait fait cette question ou cette réponse.

Mais ce qui n'est contesté par personne, c'est que, soit que les maris fussent obligés d'énoncer *la cause* du divorce , soit qu'ils ne fussent pas obligés d'énoncer *cette cause*, ils pouvaient toujours divorcer, *pour toute espèce de cause*. L'histoire Romaine , les Pandectes de Justinien , les écrivains latins , les jurisconsultes eux-mêmes , ne peuvent nous laisser aucun doute sur ce point.

Les uns répudiaient leurs femmes parce qu'elles s'étaient montrées en public *la tête nue ;* les autres, parce qu'elles avaient assisté aux jeux publics, *à leur insu :* ceux-ci, parce qu'elles étaient *stériles ;* ceux-là, parce qu'elles étaient *malades ;* quelques-uns, parce qu'elles étaient *vieilles.*

Il faut voir, dans Juvénal, avec quelles moqueries les maris expulsaient de leurs demeures les femmes qui ne leur convenaient pas :

« Que trois rides surviennent, — dit Juvénal, — que la peau se fane, que l'émail des dents se ternisse, que les yeux se rétrécissent : — faites votre paquet, dira l'affranchi, — et sortez !.... Il y a longtemps que vous nous ennuyez, avec ce nez que vous mouchez toujours !.... vite ! en route ! et promptement !

Nous en aurons une autre qui aura le nez sec ! (1). »

Quelle sanglante satire des mœurs païennes !

Tandis que les maris exerçaient leur droit de répudiation avec ce despotisme, les femmes continuèrent, *sous la loi des* XII *Tables,* comme sous la loi de Romulus, à être privées, *en principe général,* du droit de répudier leurs maris.

Nous disons, *en principe général,* parce que, — dans certains cas exceptionnels, — il leur était aussi permis de répudier : ainsi, nous voyons, dans une lettre écrite par Celius à Cicéron, l'an 703 de la fondation de Rome, que Paulla Valeria, sœur de Triarius, fit divorce, « *sans cause,* » le jour même où son mari revenait de la province, afin d'épouser Brutus (2).

Dans quels cas les femmes Romaines pouvaient-elles répudier leurs maris ? dans quels cas ne pouvaient-elles pas lés répudier ?

---

(1) Valère-Maxime. L. 6. 3. 10. 11. 12. — Pothier, Pand. L. 24. Tit. 2. — Sœpè enim evenit uti propter sterilitatem. vel senectutem, aut valetudinem, satis commodè retineri matrimonium non possit. (Dig. L. 24. Tit. 1. L. 61.)

Tres rugæ subeant....
Jam gravis es nobis, ut sœpè emungeris, exi !
Ociùs ! et propera ! Sicco venit altera nazo.
Sat. (Juv. VI. V. 145 et suiv.)

(2) Divortium sine causâ fecit. (Lett. de Cic. n° 243. Ed. Panck.)

Il est temps de nous expliquer sur ce point.

Les femmes Romaines ne pouvaient jamais répudier leurs maris, quand elles leur appartenaient *en pleine propriété*, c'est - à - dire quand elles étaient passées en leur pouvoir, par l'achat, par la prescription annale, ou par une cérémonie qui s'appelait la contarréation : elles étaient alors, *in manu mariti*, et ne pouvaient avoir aucun droit personnel pour rompre leur mariage.

C'était la situation la plus générale des femmes, à Rome, jusqu'à l'époque de Jésus-Christ.

Au contraire, les femmes Romaines pouvaient répudier leurs maris, quand, — en se mariant, — elles restaient au pouvoir de *leurs parents*, ou, continuaient de s'appartenir à elles-mêmes. Elles étaient alors, *in manu parentum*, ou ce qu'on appelait *sui juris*, et avaient le droit de dissoudre arbitrairement leurs mariages, comme les hommes (1).

Telle était la situation d'un petit nombre de femmes, appartenant à des familles riches

---

(1) Quod ad mulieres attinet, non poterant repudiare viros in quorum potestate erant : matrimoniis scilicet per *confarreationem* et *coemptionem* celebratis : semel enim *usucapta* nec ipsa jam poterat repudiare virum cujus in potestate transierat. (Poth. Pand. L. 24, Tit. 2.) — In manu esse *parentum, fratrum, virorum.* (Tite-Live. L. 34, ch. 32.)

et puissantes, et qui, pour conserver leur indépendance, ne consentaient à se marier qu'à la condition de rester dans leurs familles.

Ces usages existaient dans la Grèce, et c'est ce qui explique comment Hipparète demanda le divorce contre Alcibiade, quoique d'après le principe rapporté par Euripide, les femmes ne pouvaient pas répudier leurs maris.

On avait aussi admis, à Rome, le divorce *par consentement mutuel, (bonâ gratiâ)* comme dans toutes les autres législations de l'Orient (1).

Voilà comment on comprenait le mariage sur toute la terre, avant Jésus-Christ.

A cette époque, on pouvait le définir : un contrat perpétuel de sa nature, mais essentiellement révocable par la volonté arbitraire du mari, quelquefois même par la volonté de la femme, et, dans tous les cas, par *le consentement mutuel* des deux époux.

Sous l'empire de ce système, il était plus facile de divorcer que de se marier : car, pour se marier, il fallait le consentement des deux parties, et parfois même, celui des ascendants sous la puissance desquels elles se trouvaient ; tandis que, — pour divorcer, —

____

(1) Permittebantur divortia *ex mutuo consensu.* (Poth. Pand. L. 24, Tit. 2.)

il suffisait, en principe, de la volonté d'un seul.

Aussi, qu'arrivait-il ?

C'est que, — avec cette facilité du divorce, — les hommes et les femmes qui ne faisaient pas de la polygamie ou de la polyandrie *simultanées*, faisaient de la polygamie ou de la polyandrie *successives :* ainsi, pour ne citer qu'un exemple, Mécène, le favori et le protégé de l'Empereur Auguste, avait épousé mille femmes !

Quant aux femmes, lorsque, — sous les Empereurs, — elles eurent généralement conquis le droit du divorce, elles s'y précipitèrent avec l'ardeur qu'elles mettent ordinairement à toutes choses : il y en avait qui, selon l'expression de Sénèque, ne comptaient plus *leurs années*, par le nombre de consuls, mais *par le nombre de leurs maris*, et qui, faisant divorce pour se marier, ne se mariaient plus que pour faire divorce.

On en citait, à Rome, qui prenaient *huit maris* par *cinq automnes*, et d'autres qui prenaient *dix maris dans trente jours*, ce qui faisait trois jours pour chaque mari (1).

---

(1) Hunc esse qui uxorem millies duxit. (Sénèq. Litt. 114.) Exeunt matrimonii causâ, nubunt divortii. (Sénèq. *De benef.* Liv. III, ch. 26.)—Sic fiunt octo mariti quinque per automnos. (Juv. Sat. 6. V. 229, et l'épigr. 7 du liv. 6 de Martial.)

S'il est vrai , — comme le prétendent les Romanistes , — que les Romains antérieurs à Jésus - Christ ne pouvaient pas avoir des concubines , en même temps qu'une femme légitime , il faudrait , au moins , convenir qu'en se mariant mille fois comme Mécène, ou en épousant dix maris par mois , comme Thelesina , ils n'agissaient pas beaucoup mieux !

Il serait prudent , sur ce chapitre , de ne pas trop glorifier le Droit Romain.

CHAPITRE V.

Du droit de prostitution.

Avant Jésus-Christ, — chez les peuples païens, — les hommes et les femmes n'avaient pas seulement le droit de prostituer leurs esclaves, ils avaient encore le droit de prostituer leurs propres enfants, et de se prostituer eux-mêmes : parfois même, à leurs yeux, la prostitution était un devoir et un honneur.

Pour établir ces propositions, nous commencerons, cette fois, par les Grecs et les Romains : si nous voyons la prostitution la plus hideuse et la plus raffinée s'exercer, chez eux, publiquement, *sous la protection de la religion et des lois*, nous jugerons plus aisément comment elle pouvait s'exercer chez les autres peuples.

D'après les traditions, c'est *Venus* qui, la première, avait élevé la prostitution à l'état d'institution publique (1).

A Athènes, il y avait un temple élevé en l'honneur de *Venus-Courtisane*.

Qui le croirait ? ce temple avait été bâti par le grand législateur Solon, dont tous les Grecs ne prononçaient le nom qu'avec admiration et respect : chose plus incroyable encore ! ce temple avait été bâti avec l'argent que les *matrones*, qui dirigeaient les mauvais lieux, avaient recueilli, en prostituant des jeunes filles.

Que pense-t-on des matrones Grecques qui prostituaient la jeunesse, pour bâtir un temple à *Venus*, et de la moralité d'un peuple où le législateur bâtissait un pareil temple ?

L'histoire nous apprend que ce même Solon achetait lui-même des jeunes filles pour les prostituer, et qu'on l'appelait « *le bienfaiteur du genre humain,* » parce qu'il avait pensé à une chose avantageuse au peuple, et au salut public, en organisant la prostitution.

On peut lire ces détails dans Athénée, qui les avait recueillis lui-même dans une histoire d'Athènes rédigée par Nicandre de Colophon,

---

(1) Venus, quæ prima (ut in historiâ sacrâ continetur) artem meretriciam instituit. (Lactance, instit. div. 1, 17.)

et dans un autre ouvrage appelé *les Delphes*, dont l'auteur était Philemon : le passage de Philemon existe encore aujourd'hui tout entier (1).

Si les admirateurs de la civilisation Grecque pouvaient douter encore du droit qui appartenait à tous les Athéniens de faire le trafic des enfants pour la prostitution, à l'exemple de Solon et des matrones, il leur suffirait d'ouvrir Démosthène.

Voici ce qu'il dit, dans son plaidoyer contre Néæra :

« Nicarète, affranchie de Carisios, d'Elis, et concubine d'Hippias, avait *acheté* sept petites filles en bas âge : habile à discerner dans les traits de l'enfance, la beauté à venir, elle s'entendait à merveille à élever, à *dresser* ses élèves : c'était son métier, son gagne-pain. Quand elle eut fait une première récolte sur *leurs charmes naissants*, elle les vendit toutes les sept à la fois : Antia, Stratola, Aristoclée, Métanire, Phila, Isthmiade et Néæra. »

C'est dans ce même plaidoyer, contre Néæra, que Démosthène rapporte un jugement rendu entre deux citoyens qui se disputaient cette femme : les juges, après s'être réunis dans le temple de Cybèle, décidèrent

---

(1) Athénée, (Liv. 13, ch. 3.)

que Néæra se donnerait alternativement à chacun des compétiteurs ; et, — ce qu'il y a de
plus fort, — c'est que cette décision judiciaire
fut exécutée (1).

Comment s'étonner de voir la spéculation
s'exercer sur la pudeur des enfants, quand
on voit les juges rendre *publiquement* de pareilles sentences ?

C'est à peine si nous mentionnons, en
passant, un autre temple qu'on voyait encore
à Athènes, et qui avait été élevé en l'honneur
de la déesse *Cotytto* : on sait que les prêtres
de *Cotytto*, qui s'appelaient les *Baptes*, se livraient aux débauches les plus cyniques (2).

Nous allons parler des *phallophories*.

Qui pourrait nier, à Athènes, l'existence de
ces processions qui traversaient, dans tous
les sens, les rues de la ville, à l'époque des
grandes Dyonisiaques, ou des Bacchanales,
et dans lesquelles on voyait les jeunes filles
d'Athènes, pompeusement parées, porter,
dans des corbeilles, des *emblémes impudi-
ques*, en chantant des chansons obscènes ?

Ceux qui se refusent à croire de pareilles
ignominies peuvent lire la comédie des Achar-

____

(1) De Pastor. Leg. des Athén. Ch. XV.
(2) Talia secreta coluerunt orgia tædæ...
Cecropiam soliti baptæ Lassare Cotytto. (Juv. Sat. II.
V. 91 et 92.)

niens d'Aristophane : ils y verront le récit d'une de ces phallophories champêtres, et apprécieront le dialogue que l'auteur met dans la bouche de Dicæopolis, de sa femme et de sa fille ; ils pourront lire également l'ouvrage de Plutarque sur l'amour des richesses : l'auteur y parle des phallophories de son temps.

Ces passages sont intraduisibles en français (1).

Pense-t-on que les autres peuples Helléniques aient été plus sévères que les Athéniens en matière de mœurs ?

Alors, parlons de Sparte et de Corinthe.

Agnon, philosophe de l'académie, rapporte que, chez les Spartiates, il était permis, *par les lois*, d'avoir les relations que nous appelons aujourd'hui, — avec raison, — criminelles ou coupables, avec toutes les jeunes filles, avant leur mariage, et même avec les jeunes garçons : Cornelius Nepos dit qu'il n'y avait pas à Lacédémone, une veuve, — si noble qu'elle fût, — qui ne se rendît dans de mauvaises maisons, pour de l'argent ; enfin, Plutarque dit que Lycurgue *obligeait* les jeunes filles à se livrer à des exercices gymnastiques, sous les yeux des garçons, sans garder aucuns vêtements (2).

---

(1) Aristoph. — (Act. 2. Sc. 2.) — Plutarque, § 5.)
(2) Athénée, liv. 13, ch. 8. — Nulla Lacedemoni tàm

Il importe de bien remarquer que nous ne citons jamais des faits particuliers, qui pourraient avoir été commis illicitement ou clandestinement : nous ne citons que des faits autorisés *par les lois ou par les coutumes*. Nous constatons, notamment ici, que le législateur de Sparte approuvait et autorisait la prostitution, comme le législateur d'Athènes.

A Corinthe, quel est le monument qui frappe tous les regards ?

C'est le temple élevé en l'honneur de *Venus !*

Ce temple était si riche qu'il avait, dit Strabon, plus de mille courtisanes, — de celles que des hommes et des femmes *avaient coutume* de consacrer à cette déesse ; — c'est de la difficulté de trouver assez d'argent pour satisfaire ces courtisanes, qu'était venu le proverbe, si connu des anciens : « *Il n'est pas permis à tout le monde d'aller à Corinthe* (1).

Démosthène répète souvent, dans ses ouvrages, que plusieurs peuples Helléniques avaient décidé qu'ils adopteraient les lois d'Athènes : il va même jusqu'à dire formellement que « *Solon avait laissé des lois qui*

---

est nobilis vidua quæ non ad lenam eat, mercede conductâ. (Corn. Nep. Préface).—Plutarq. (*Vie de Lycurg.*)

(1) Strab. Géog. L. 8.

*avaient passé chez presque tous les peuples de
la Grèce* (1). »

Ce fait paraît certain.

Nous pouvons donc considérer comme
suffisamment etabli que les autres républi-
ques de la Grèce avaient admis les mêmes
principes, et après avoir parlé d'Athènes, de
Sparte et de Corinthe, nous allons nous occuper immédiatement de Rome.

A Rome, comme à Athènes, comme à
Corinthe, le premier temple que nous trouvons, c'est encore *le temple de Vénus.* Il
existe un marché, au pied de ce temple : —
c'est le marché des courtisanes. — on y vend
des filles et même des garçons destinés à la
prostitution (2).

La première fête publique à laquelle nous
assistons, c'est la fête de Liber ou de Bacchus :
dans cette fête, on promène, en grande
pompe, sur un chariot, l'objet que les Athéniennes portaient dans des corbeilles : après
avoir traîné ce char autour de la ville, on
l'arrête sur une place publique, et la plus
honnête femme de l'endroit, en présence

---

(1) Dém. Contre Timocr. Eloge d'Ipicrate.

(2) Apud ædem veneris est mercatus meretricius.
(Plaute, les Carthag. Act. I, Sc. 2.) —Pueros prostrare
cogit indigentia. (Plaute, la marmite)
Jam cunæ lenonis erant ut ab ubere raptus,
Posceret æra puer. (Martial, L. 9, § 9.)

d'une foule immense, vient y déposer une couronne !

Dans le Lavinium, ces Bacchanales duraient un mois ! (1).

Il y avait encore d'autres fêtes de ce genre, telles que la fête de *la bonne déesse*, la fête de *la déesse des fleurs*, et la fête d'*Anna Pérenna* : toutes ces fêtes n'étaient pas moins ignobles et corruptrices que la fête de Bacchus, mais nous nous abstiendrons de dire ce qui s'y passait.

Il suffit de le laisser deviner (2).

Un travail sur la prostitution à Rome, et qui garderait le silence sur la loi *Julia*, ne serait pas un travail complet : il faut donc dire quelques mots sur cette loi.

La loi *Julia* qui fut portée sous le règne d'Auguste, environ quinze ans avant la naissance de Jésus-Christ, (737 de R.) avait puni de peines sévères la prostitution contre nature ; elle avait également puni la séduction d'une vierge ou d'une femme honnête. Mais il faut bien remarquer que cette loi ne s'appliquait que contre ceux qui excitaient à la

---

(1) Saint Augustin. (*De civit. Dei* 7. ch. 21.)

(2) . . . . Dignissima prorsùs *Florali* matrona *tubá*. (Juv. Sat. 6. V. 249.)
Jam fas est, — *admitte viros*. (Id. id. V. 315 et suiv.)
Nùm mihi, cur cantent superest obscæna puellæ dicere ? (Ovide, Fastes, Liv. 3.) (Pline, L. 18, C. 29.)

débauche des enfants *impubères* , ou qui avaient recours à des moyens *frauduleux ou criminels*, pour corrompre les garçons et détourner les femmes honnêtes de leurs devoirs : la prostitution des enfants et des femmes *esclaves* ou de mauvaise vie, qui avaient atteint l'âge de puberté , ne fut jamais interdite (1).

L'histoire Romaine , après *Auguste* , l'atteste hautement.

Ainsi , sous *Tibère* , la prostitution avait pris des proportions si effrayantes , que le Sénat avait été obligé d'interdire le métier de courtisane aux femmes qui avaient pour aïeul, pour père ou pour mari, un chevalier Romain. On avait vu des patriciennes elles - mêmes , aller chez les Ediles , se faire inscrire sur les registres des femmes publiques. *Sous Claude* , il avait fallu proposer au Sénat d'établir des peines contre les femmes qui se livraient aux *esclaves*.

Faut-il parler des Lupanars de *Caligula*, établis jusque dans son palais, et où le public pouvait se rendre sur l'indication des Nomenclateurs ? Faut-il parler des soupers de Néron dans la *Naumachie* , dans le *champ de Mars* ,

---

(1) Instit. L. 4, tit. XVIII, §. — Ducaurroy, L. 38, § 3. — Dig. de Pœnis. — Liv. 1, § 2. Dig. De extraord. crim. — Paul, 2. Sent. 26, § 16. — Théorie du Code Pénal, par Chauvau. T. 6, p. 131.

et dans le grand cirque, avec les prostituées de la ville et les danseuses de Syrie? Faut-il parler de son mariage avec l'affranchi *Pytha-goras?* et de son second mariage avec *Sporus,* mariage qui fut célébré par des acclamations et des réjouissances publiques, *non seulement par les Grecs, mais par les Romains eux-mê-mes, et par les autres peuples?* Enfin faut-il parler du repas de Tigellinus, sur l'étang d'Agrippa, avec les *mignons,* les matrones et les courtisanes?

Non.....

Ceux qui ont déjà lu ces descriptions, dans Suétone et dans Tacite, nous sauront gré de ne pas le reproduire.

Tout ce que nous pouvons affirmer, c'est qu'on voyait, sur la façade extérieure de beaucoup de maisons, — ouvertement expo-sés aux regards du public, — des signes obscènes, pareils à ceux qu'on a trouvés dans les ruines de Pompëi, pour attirer les passants dans les mauvais lieux, et que le principal quartier des prostituées, à Rome, était le cirque (1).

Ce que nous pouvons dire encore, c'est

---

(1) Tacit. Ann. L. 2, § 25. — L. 12, § 3. — L. 15, § 27.—*Nudis corporibus.* Suétone, vie de Claude, § 27.—Dion-Cass. L. 62, § 29. et L. 63, § 23.

Ad circum jussas prostare puellas. (Juv. Sat. 3. V. 65.)

que la prostitution s'exerçait notoirement jusque dans les *temples* des faux dieux, sous le patronage et avec le concours des prêtres , et qu'il se commettait plus d'infamies , dans leurs cellules, que dans les lieux destinés à la prostitution (1).

Un dernier fait suffira pour prouver que Rome , — sous le rapport de la débauche, — pouvait surpasser toutes les autres villes, et restait encore la métropole de l'univers.

Du temps de Néron, — dans le cirque, en présence de milliers de spectateurs de tout âge, de tout sexe et de toute condition, — on représentait, avec la fidélité la plus scrupuleuse, *et avec des êtres vivants*, le spectacle des monstrueuses amours de Pasiphaë de Crète , si complaisamment racontées par Virgile et par Ovide ! (2).

Ce trait dispense de rien ajouter.

Avant de quitter l'Italie , nous devons

---

(1) Fanum Isidis et Ganymedis Pacis, et advectæ secreta Palatia matris,
et Cererem (nàm quo non prostat femina templo !)
notior Ausidio mæchus scelerare solebas.
(Juv. Sat. IX. V. 23 et suiv).
Minutius Felix. (Octav. § 26.) Tertul. Apol. C. 15.

(2) Junctam Pasiphaën dictæo credite tauro;
vidimus. (Martial , spectacles , n° 6.) — Taurus lignæo juvencam simulacro abditam iniit. (Snét. Vie de Néron, § 12.) — Ovide , Art d'aimer. (L. I. V. 289 et suiv.) — Virgile, (Œneid. L. 6. V. 25 et suiv.)

raconter un événement qui se passa dans la ville de Locres : on sait que Locres était une ville du Bruttium, qui se trouvait à l'extrémité méridionale de la péninsule, près du promontoire Zéphirium.

Les Locriens, qui étaient en guerre avec une ville voisine, avaient fait vœu, — s'ils étaient vainqueurs, — de *prostituer* leurs filles, le jour de la fête de Vénus.

Comme la guerre n'était pas plus heureuse, quelqu'un leur proposa d'envoyer au *temple de Vénus*, non pas seulement leurs filles, mais encore *leurs femmes*.

Il proposa, en outre, de tirer au sort cent d'entr'elles qui, « dans un but de religion, » (*religionis gratiâ*) et pour acquitter le vœu public, se pareraient de leurs plus brillants atours, et se renfermeraient, *pendant un mois*, dans un lupanar.

Enfin, pour encourager plus particulièrement les jeunes filles à subir les chances du sort, il proposa de faire décider, *par un décret*, qu'aucune des autres Locriennes ne pourrait se marier avant que celles-là n'eussent trouvé des époux.

Comment une pareille proposition fut-elle accueillie ? Les pères et mères consentiront-ils à prostituer leurs filles, *pendant un mois* ?

Les maris consentiront-ils à soumettre leurs femmes à la même épreuve ?

Il est triste de le dire, mais cette proposition parut très-convenable, et les Locriens décrétèrent qu'elle recevrait son exécution : les femmes et les filles se revêtirent de leurs plus beaux atours, et se rassemblèrent au temple de Vénus.... (1).

Après les Grecs et les Romains, si nous cherchons le peuple qui s'est acquis la plus grande renommée, et inspire le pius de curiosité, c'est le peuple Egyptien.

Hérodote atteste que Chéops mettait à prix la beauté de sa fille pour contribuer aux dépenses de la construction de sa pyramide : ce n'est là, sans doute, qu'un fait particulier qui ne prouverait pas la légalité de la prostitution en Egypte, mais nous avons la preuve qu'elle y était encore autorisée par la religion et par les lois.

Ainsi, à Héliopolis, ville considérable, qui fut longtemps la capitale de toute l'Egypte, nous retrouvons, d'abord, un temple à Vénus : la prostitution y était telle, qu'on ne savait de qui étaient les enfants ; les femmes y étaient, pour ainsi dire communes, *avec la sanction du culte et de la loi.*

---

(1) Uno stent in lupanari mense. (Justin, L. 1, § 3.)

A Thèbes, capitale de la Thébaïde, les prêtres consacraient, dès l'enfance, au dieu Amnon, l'une de ces jeunes filles remarquables par leur beauté, que les Grecs appellent *pallades :* elle devait se prostituer jusqu'à ce qu'elle fût nubile, et quand, ensuite, on la mariait, on la pleurait *comme si elle était morte.*

A Lycopolis, dans la haute Egypte, — à Hermopolis-Magna, dans l'Egypte du milieu, — et à Mendès, ville du Delta, on adorait le dieu *Pan*, et il n'est pas possible d'indiquer à quel genre de prostitution les femmes s'y livraient.

Nous avons vu les Phallophories à Athènes et les Bacchanales ou Dyonisiaques à Rome : — nous retrouvons, *dans toute l'Egypte,* les fêtes appelées *Pamylies :* — on y faisait exactement les mêmes *exhibitions*, avec cette différence, toutefois, qu'elles étaient encore plus exagérées et plus appropriées aux ardeurs de tempérament du peuple Africain (1).

Chez les Carthaginois, qui n'étaient pas très-éloignés des Egyptiens, les femmes devaient se livrer, *dans un temple,* sous les yeux d'une divinité : le prix de la prostitution servait à faire la dot qu'elles apportaient

____

(1) Athénée, L. XII § 3 et L. 1. § 5. - Socrate, hist. Eccl. L. 1, ch. 18. — Strabon, L. XVII, § 47 et § 19. Ed. F. Did.—Plutarque, traité d'Isis et d'Osiris.

en se mariant : il en était de même à *Sicca Venerea*, ville située sur le littoral, à une certaine distance de Carthage, et où se trouvait aussi un temple en l'honneur de *Vénus*.

A Byblos, dans la Phénicie, quand on célébrait la mort d'Adonis, les femmes devaient couper leur chevelure, mais la loi leur permettait de la conserver si, — pendant un jour entier, — elles voulaient se prostituer à des étrangers au profit des prêtres (1).

A Babylone, il existait, — comme sur presque tous les points de la terre, — un temple en l'honneur de Vénus : toutes les Babyloniennes étaient obligées, *en vertu d'une loi*, de s'y prostituer à un étranger.

Elles ceignaient leurs têtes d'une couronne de cordelettes, et venaient s'asseoir dans le temple, ou dans l'enceinte qui en dépendait. Celui qui voulait, s'approchait, jetait quelques pièces de monnaie sur les genoux de celle qu'il trouvait la plus attrayante, et s'éloignait avec elle : le prix de la prostitution était consacré à Vénus. Quant à celles qui étaient laides, dit Hérodote, elles étaient quelquefois

___

(1) Hérod. 2 § 126. Selden, (de diis Syr. 2 ch. 7.)—Siccæ fanum est Veneris, in quod se matronæ conserebant, et ad quæstum dotis, corporis injuriâ contrahebant. (Valer. Max. L. 2, ch. 6. § 15.) — De Pastoret, Législation des Assyriens. (T. 1, ch. III.)

obligées d'attendre trois ou quatre ans avant de pouvoir *satisfaire à la loi* (1).

La dépravation était si profonde à Babylone, que les parents et les maris permettaient à leurs enfants et à leurs femmes de se livrer à leurs hôtes, pourvu qu'on leur payât le prix de ces honteuses complaisances : dans les festins, les femmes de distinction et les jeunes filles considéraient comme un devoir de politesse de se dépouiller, en présence des hommes, de leurs derniers vêtements (2).

Dans l'Arménie, on adorait Vénus sous le nom d'Anaïtis, et l'on avait construit, en son honneur, un temple dans lequel on se livrait également à la prostitution, avec le concours ou par l'intermédiaire des prêtres : dans la province d'*Aciliséne*, notamment, les familles les plus distinguées consacraient à la déesse leurs filles encore vierges, et c'était *une loi du pays*, qu'elles ne devaient se marier qu'après s'être prostituées *pendant longtemps*. — Personne, dit Strabon, ne refuse de les pren-

---

(1) Strab. Liv. I, § 16.—Quæ vero deformes, multum manent temporis priusquàm *legi* possint satisfacere. Manent enim non nulla ad tres et quatuor annos. (Hérod. Liv. 1, ch. 99.)

(2) Liberos conjuges que cum hospitibus stupro coïre modo pretium flagitii detur, parentes mariti que patiuntur ...... ima corporum vela projiciunt, nec meretricum hoc dedecus est, sed matronarum virginum que... (Quinte Curce, Liv. 5, § 1.)

dre pour épouses, et cependant, ajoute-t-il, elles sont si portées à la débauche qu'au lieu d'attendre les voyageurs, elles vont au-devant d'eux, et leur font souvent plus de présents qu'elles n'en reçoivent.

A Comana, qui était une ville bien peuplée, et une place très-importante pour le commerce de l'*Arménie*, il y avait aussi un grand nombre de courtisanes, dont la plupart appartenaient au temple de Vénus : on s'y réunissait de toutes parts pour célébrer les fêtes de la déesse (1).

Les Perses et les Mèdes adoraient aussi Vénus, comme les Arméniens, sous le nom d'*Anaïtis*, et croyaient que la manière de prouver sa piété envers elle, consistait à s'abandonner à tous les désordres, avec les courtisanes qui lui étaient consacrées.

A Lampsaque, ville considérable de la Mysie, et patrie du philosophe Anaximène, on avait élevé un temple en l'honneur de Priape : on honorait ce Dieu dans toutes les villes de l'Hellespont; on trouvait ses infâmes images dans tous les jardins ! (2).

---

(1) Multæ ibi sunt mulieres corpore quæstum facientes, pleræque sacræ, — ob multitudinem meretricum veneri sacrarum. (Hérod. L. 12. 36.)

(2) Strab. L. XI, § 9. — Catulle, XVIII. Carmen. — Oppidum in primis Asiæ provinciæ *clarum* et *nobile*. (Cic. 2e Verr. §. 24.)

Strabon dit que, chez les Indiens, les éphores étaient aidés, dans l'exercice de leurs fonctions, par les courtisanes de la ville, et ceux du camp, par les courtisanes qui suivaient les armées. Il ajoute que les femmes mariées pouvaient se prostituer à moins d'une défense particulière de leurs maris ; enfin Hérodote affirme qu'elles se livraient publiquement, à la manière des troupeaux (1).

Si de ces peuples célèbres, nous descendons à d'autres peuples inférieurs, — au moins par la population et la renommée, — nous trouvons, partout, la même dégradation, la même absence de sens moral, le même oubli des devoirs les plus élémentaires, la même inconscience de la dignité humaine.

Chez les Cypriens, dont Paphos et Cithium étaient les villes principales, et où Vénus recevait aussi un culte particulier, on envoyait les jeunes filles, à des jours marqués, sur le bord de la mer, pour y gagner une dot, en se livrant à la prostitution, jusqu'à l'époque de leur mariage (2).

---

(1) Nisi castas esse cogant, scortari licet. (Strabon, Liv. 15. Ch. I, § 4.) — Omnes hi, quos commemoravi, Indi feminæ miscentur palàm, *veluti pecudes*. (Hérod. L. 3: § 101.)

(2) Justin, L. 18 § 5. — Athénée, L. XII § 3. — Saint Augustin, Cité de Dieu, L. 18, ch. 5.

Chez les Lydiens, *toutes les filles* faisaient le métier de la prostitution jusqu'au moment où elles trouvaient à se marier ; et c'est ainsi, dit Hérodote, qu'elles se mettaient en état de choisir un époux.

Chez les Illyriens, la coutume permettait aux jeunes filles, jusqu'à l'âge d'une vingtaine d'années, de se donner à qui elles voulaient, de vagabonder à leur fantaisie, et d'avoir des enfants.

Chez les Angèles, les femmes, durant la nuit qui suivait leur mariage, devaient s'abandonner à tous ceux qui leur apportaient des présents, et celle qui recevait le plus grand nombre de présents était la plus considérée (1).

Chez les habitants des iles Gymnésiennes et Baléares, il n'était permis au nouveau marié de se retirer avec son épouse qu'après qu'elle avait accordé à tous les convives ce qu'elle devait lui réserver.

Il en était de même chez les Nasamons.

Chez les Géléens, *la loi* voulait que les

______

(1) Hérodote, liv. I. — Elien, liv. IV, ch. 1. — Mos eorum non denegavit, ante nuptias, ut succumberent quibus vellent, et incomitatis ut vagare liceret, et filios habere. (Varron, de re rusticâ ; liv. 2, § 10.) — Nocte quâ nubunt, omnium stupro patere, et tum cum plurimis concubuisse, maximum decus. (Pomp. Méla.)

femmes fûssent entièrement libres dans leurs choix : chez les Bactriens, elles avaient toute licence avec les esclaves et les étrangers. (1).

Veut-on, maintenant, passer en revue quelques peuples qui ne connaissaient ni le mariage, ni le concubinat, ni le divorce, et qui admettaient la coutume la plus invraisemblable et la plus honteuse, c'est-à-dire la communauté absolue des femmes ?

Nous pouvons en citer *sept.*

C'étaient les Agathyrses, les Galactophages, les Massagètes, les Lymmerniens, les Ausenses, les Ichtiophages et les Ecossais.

Chez les Agathyrses, nation sarmate de l'Europe, les relations étaient tellement libres, que tous les membres de la nation se considéraient comme frères et consanguins, et n'avaient entr'eux, dit Hérodote, ni jalousies ni haines (2).

Chez les Galactophages, qu'on appelait les plus justes des hommes, et qui appartenaient à la grande nation des Scythes, tout était en commun, *femmes* et biens : chez eux, tous les vieillards s'appelaient des pères ; tous les

---

(1) Diodore de Sicile, liv. 5: ch. 18. — Eusèbe, prépar. Evang. liv. VI, ch. 10.

(2) Cum mulieribus *in commune* consuetudinem habent, etc. (Hérodot. liv IV, § 172. — *Promiscué* cum quibus libet coëunt (Hérod. Liv. 4, § 172).

jeunes gens s'appelaient des fils ; tous les enfants du même âge s'appelaient des frères. C'est de ce peuple qu'est sorti Anacharsis, qui se rendit en Grèce , et fut regardé comme l'un des sept sages (1).

Chez les Massagètes , autre peuple nombreux et puissaut de la Scythie d'Asie , et que Cyrus ne put jamais soumettre , tout homme qui désirait une femme , se bornait à suspendre son carquois au chariot où elle se trouvait, afin de signaler sa présence , et n'avait aucun reproche à redouter.

Chez les Lymmerniens , les femmes étaient communes, et on nourrissait les enfants en commun jusqu'à cinq ans ; quand ces enfants avaient atteint leur sixième année , ils les réunissaient, et les attribuaient aux hommes avec lesquels ils avaient le plus de ressemblance. Ces hommes se regardaient comme les pères de ces enfants , et les élevaient comme tels (2).

Chez les Ausenses , la promiscuité la plus complète existait : au commencement de cha-

---

(1) . . . . . Sunt justissimi , et facultat s et *uxores* communes habent (Nicol. de Dam. fragm. , n° 123). Sunt autem justissimi ; *communibus* utentes tum bonis, tum uxoribus (Stobée, de temperautiâ, serm. 5).

(2) Stobée, (des lois et coutumes des nations, disc. 42).

que année, les hommes faisaient entr'eux le partage des enfants, comme les Lymmer-niens.

Chez les Troglodytes, qui habitaient le long de la mer Rouge, depuis l'Egypte jus-qu'à l'Océan, la communauté des femmes et des enfants était admise *pour tout le monde*, excepté pour les chefs : mais ceux qui portaient atteinte à ce privilége des chefs n'étaient condamnés qu'à une amende insi-gnifiante.

Enfin, chez les Ecossais, personne ne faisait choix *d'une épouse*, et ne connaissait le mariage : les hommes et les femmes me-naient ensemble la vie des troupeaux.

C'est ce qui faisait dire à Denys d'Halicar-nasse : « *des législateurs*, prenant exemple sur les bêtes, *ont permis* un commerce libre et confus des hommes avec les femmes, pour éteindre les jalousies qui sont la cause de tant de meurtres, et pour remédier à une infinité de maux auxquels les familles et les villes entières sont exposées, à cause des femmes (1). »

---

(1) Hérodote, (L. IV, § 225 et 176). — Nulla apud eos conjux propria est,.... pecudum more lasciviunt. (St. Jérome, lett. à Océanus.) — Strabon, (L. XVI, ch. 3). — Et Denys d'Halic. (antiq. Rom. L. II, § 28).

Tel était le déplorable spectacle que présentaient les lois, les religions et les mœurs de toutes les nations païennes, jusqu'à Jésus-Christ : si nous n'avions pas eu pour but de prouver, par des textes, l'incomparable supériorité et la nouveauté du Mosaïsme et du Christianisme, dans cette matière, nous n'aurions pas eu le courage de le dévoiler.

Maintenant il nous reste un autre devoir, — non moins pénible, — à remplir : c'est de montrer que les philosophes et les moralistes antérieurs à Jésus-Christ n'avaient pas compris ces questions d'une manière plus pure et plus élevée que les anciens législateurs et les anciens peuples.

CHAPITRE VI.

De l'opinion des philosophes et des moralistes antérieurs à Jésus-Christ, sur la polygamie, le divorce et la prostitution.

Si nous nous bornions à présenter le tableau —aussi complet et aussi fidèle que possible— des religions, des législations et des coutumes des anciens peuples, *avant Jésus-Christ,* de bons esprits pourraient dire que ces institutions n'avaient été établies que pour gouverner des masses encore ignorantes et grossières, mais que, déjà, les grands hommes de cette époque avaient eu des idées plus avancées, et pressenti les transformations sociales qui devaient s'accomplir, par le cours régulier des choses, et en dehors de toute influence du christianisme.

Cette objection serait grave.

En effet, — si elle était prouvée, — on pourrait soutenir que le paganisme contenait, *au moins en germe*, les principes qui ont conduit les sociétés modernes à l'état de civilisation relative où elles sont aujourd'hui parvenues, et on enlèverait, ainsi, au christianisme une partie de sa raison d'être.

Nous allons détruire immédiatement cette objection, en faisant connaître les opinions des philosophes et des moralistes, *antérieurs à Jésus - Christ*, et en montrant qu'aucun d'eux n'a découvert les principes qui sont admis aujourd'hui, *en matière de divorce*, ou posé les bases des autres réformes essentielles qui ont été accomplies, ou sont en voie de s'accomplir, en matière de mœurs, sous l'empire des idées chrétiennes.

Prenons d'abord Socrate.

Loin de critiquer la polygamie, le divorce et la prostitution, le sage Socrate proposait purement et simplement *la communauté des femmes et des enfants*, comme elle existait chez un certain nombre de peuples, que nous avons cités.

Cette assertion peut paraître étrange, mais nous allons reproduire ses propres paroles, d'après Platon :

« Les femmes de ces hommes, disait-il, *seront communes, toutes à tous*, aucune d'elles n'habitera en particulier avec aucuu d'eux. De même, les enfants seront communs ; le père ne reconnaîtra pas son fils, et le fils ne reconnaîtra pas son père (1). »

Socrate revenait plus loin sur la même idée, et continuait en ces termes :

« Nous avons prescrit que les femmes fûssent *communes*, et que les enfants fûssent également *communs pour tous les hommes de tous les ordres*, cherchant uniquement à obtenir ce résultat que personne ne pût jamais reconnaître ses propres enfants, que tous se considérâssent parents de tous ; que chacun pût trouver des frères et des sœurs dans tous ceux qui pourraient l'être par leur âge, des pères et des mères, des aïeux et des aïeules dans tous ceux qui sont nés auparavant, des enfants, dans tous ceux qui sont nés après (2). »

Ainsi, il est bien certain que, d'après le témoignage de Platon, son disciple, Socrate admettait la communauté *absolue* des femmes et même des enfants, *pour tous les hommes de tous les ordres.*

---

(1) Horum virorum uxores omnes omnium communes sunto, nulla que privatim ulli consuescito. Communes porro liberi sunto, neque pater filium, neque filius patrem agnoscito (Platon, Républ. liv. V).

(2) Platon, liv. 5.

Pour avoir des citoyens , il supprimait la *famille,* et pour établir la paix dans l'état, il croyait que le meilleur moyen était de laisser les hommes et les femmes vivre entr'eux , *dans un état de promiscuité complète,* comme les animaux.

D'après le même témoignage de Platon , Socrate était d'avis que les femmes devaient se livrer aux exercices du gymnase , et , — comme le législateur Lycurgue , — il voulait qu'elles se livrâssent à ces exercices, *avec les hommes, et comme les hommes,* c'est-à-dire sans garder leurs *vêtements.*

Pour justifier cette opinion , il invoquait les usages des Crétois et des Lacédémoniens, qui lui étaient parfaitement connus , et c'est au nom même *de la raison,* qu'il conjurait les esprits éclairés de son temps de se conformer à ces usages.

Voici les dernières phrases du passage attribué à Socrate :

« Lorsque les Crétois et les Lacédémoniens, disait-il , donnèrent les premiers l'exemple de ces exercices *à nu,* les plaisants de ce temps-là n'épargnaient pas les railleries, mais l'expérience et la RAISON ont fait comprendre qu'il n'y a qu'un homme superficiel qui trouve du ridicule autre part que dans ce qui est mauvais en soi (1). »

L'approbation donnée, *par Socrate*, aux usages des Crétois et des Lacédémoniens, atteste, certainement, de la part de ce philosophe, une ignorance complète des lois de la pudeur : mais il faut dépasser toute mesure, pour admettre certains rapports des hommes entr'eux.

Socrate admettait ces rapports.

Il déclarait que l'amour de l'homme pour un autre homme, cet ignoble amour qui était admis par les Crétois, les Thébains, les Elisiens, les Chalcidiens de l'Eubée, les Celtes, les Perses, les Grecs et les Romains eux-mêmes, s'il était contraire à la philosophie, « *n'était pas, au moins, contraire à l'honneur,* » et devait même être récompensé, dans son système de métempsycose, lorsqu'il était tempéré par une sagesse mortelle.

Ici, nous ne pouvons plus citer, et nous sommes obligé de renvoyer le lecteur au dialogue intitulé : *Phèdre*, par Platon.

Nous pourrions encore faire connaître les étranges leçons qu'il donnait à la courtisane Théodote, pour lui apprendre à se procurer des *amis*, et ses discussions *sur l'amour,*

---

(1) Platon, (Républ. liv. 5. trad. de V. Cousin).

dont l'unique règle devait être , selon lui, la *tempérance* : mais nous devons nous garder , même en voulant les combattre , de vulgariser des théories qui pourraient être dangereuses ; nous nous abstiendrons, en conséquence, *de les analyser* , et nous renverrons encore une fois le lecteur aux *mémoires sur Socrate,* et au *banquet* , *de Xénophon* (1).

Un philosophe qui professe de pareilles énormités doit être un homme jugé ; et, sans prolonger plus longtemps notre examen sur la philosophie de Socrate , nous pouvons dire qu'il n'a pas dépassé , *dans cette matière* , le niveau des législations et des coutumes de son temps.

Prenons Platon lui-même.

Il ne nous en coûte nullement pour le déclarer , et nous le reconnaissons , au contraire , avec empressement : en méditant ces questions , Platon s'est élevé à la dernière hauteur ou l'intelligence d'un homme , qui ne connaissait pas le christianisme, pouvait arriver.

Parvenu à une extrême vieillesse , éclairé par l'observation attentive de la *nature* , il avait entrevu une partie des principes éternels qui doivent présider aux rapports des sexes :

______

(1) Xénoph. Mém. sur Soc. L. 1, ch. III. L. 3, ch. XI. le banquet, ch. VII et VIII.

il est, sans doute, tombé dans des erreurs qui pouvaient entraîner, et entraînent encore aujourd'hui, dans quelques pays, de graves désordres, mais il serait injuste de ne pas avouer qu'il s'est montré bien supérieur à Socrate, comme homme politique ou comme philosophe.

Nous allons essayer de résumer brièvement, mais fidèlement, les idées qu'il a développées, pour le réglement des mœurs, dans son dialogue intitulé : *les lois*.

Regardons, disait-il, ce qui se passe, tous les jours, sous nos yeux, dans l'intérieur des familles : le fils et la fille ne sont-ils pas sacrés et inviolables pour leur père ? la sœur elle-même n'est-elle pas à couvert contre les passions de son frère ? Entre ces personnes, la pensée d'un pareil commerce n'est-elle pas bannie avec horreur ? N'est-il pas même vrai de dire qu'une pareille pensée ne se présente que bien rarement dans leur esprit ?—Cela est vrai.—Il y a donc des hommes, reprenait-il, qui s'interdisent fidèlement et avec soin toute espèce de relations charnelles avec ces belles personnes, sans se faire violence, et de leur plein gré ? — Sans doute. — Pourquoi ? parce que tout le monde est d'accord pour admettre que ces relations sont impies, et que la voix publique a un pouvoir merveilleux pour

enchaîner les actions et les volontés des hommes : elle les empêche de respirer, pour ainsi
dire, contre la défense de la loi ! — On ne
saurait le nier. — Que devra donc faire un
législateur qui voudra réprimer l'une des
passions les plus indomptables qui dominent
les hommes ? Il devra, d'abord, faire répéter
longtemps, sans cesse, et partout, que le
commerce charnel, en dehors du mariage,
est aussi illicite et détesté des dieux que le
commerce charnel entre le frère et la sœur,
entre le père et ses enfants ; et, quand cette
opinion aura été suffisamment répandue et
accréditée, il pourra porter une loi qui sub-
juguera tous les esprits, et trouvera tous les
hommes disposés à lui obéir.

Mais, — continue Platon, — si tous les
hommes finissent par accepter ces idées, et se
montrent, en théorie, sincèrement disposés à
obéir à une pareille loi, en fait, pourront-ils
l'exécuter ? la nature physique ne parlera-t-
elle pas plus haut que leur volonté ? — Non,
répondait le philosophe payen, et je vais
essayer, — disait-il, — de prouver par des
raisons plausibles que ce que je propose n'a
rien d'impossible. — Est-il plus difficile à un
homme qui n'a reçu aucune éducation morale,
et dont le corps est sain et fortifié par l'exercice, de s'abstenir des voluptés sensuelles,

qu'à un homme dont l'âme a été bien dirigée,
et dont le corps est sans vigueur ? — Sans
contredit. — Eh bien, poursuivait Platon,
n'avez - vous pas entendu dire qu'Iccas de
Tarente, Crison d'Astylos, Diopompos de
Thessalie, et beaucoup d'autres athlètes, se
sont privés de ces voluptés, pendant tout le
temps de leurs exercices, pour accroître leurs
forces ? — En effet ! — Mais si ces athlètes
ont eu le courage de résister à leurs passions,
pour remporter le prix de la lutte, du pugi-
lat, de la course, ou d'autres exercices, pensez-vous donc que des hommes élevés dans
le respect des Dieux, et pénétrés de la pensée
que de pareilles relations sont aussi coupables et interdites, par la conscience publique
et les lois, que l'inceste entre le père et la
fille, ne pourront pas maitriser leurs désirs ?
Pensez-vous que la crainte de se déshonorer
par de pareilles actions n'aura point assez
d'empire sur eux-mêmes pour les porter à
triompher de leurs désirs, comme ces athlètes dont l'éducation est pourtant plus négligée
et dont la complexion est plus ardente ? —
Assurément. —

Continuons alors notre démonstration :

Nous avons observé, — disait - il, — les
mœurs dans la famille ; nous avons constaté
le genre de vie des athlètes ; etudions, main-

tenant, LES MOEURS DES ANIMAUX !..... — Ne voit-on pas *les oiseaux*, et *plusieurs autres animaux*, se conserver purs et chastes, et ne rechercher les plaisirs de l'amour que dans le temps marqué pour engendrer ? quand ce temps est venu, ne se réunissent-ils pas par couples ? ne restent-ils pas, ensuite, fermes dans leurs engagements, sans se livrer à d'autres amours ? — Cela est vrai. — Pourquoi donc les hommes, qui ont la raison et l'intelligence, ne suivraient-ils pas, sous ce rapport, L'EXEMPLE DE CES ANIMAUX, et ne resteraient-ils pas chastes et fidèles comme eux, dans leurs amours ? — Puis il ajoutait : — « Tout ce que nous venons de dire n'est peut-être qu'un vœu, une fable, comme on en raconte dans les entretiens ; mais, — continuait - il encore (et, ici, il faut citer ses paroles mêmes) : — « quel avantage tous les états ne retireraient-ils pas de l'observation de ces lois ? du moins, si Dieu le veut, nous parviendrons à obtenir, sur cette matière, de deux choses l'une : que personne n'ôse toucher à qui que ce soit *de condition libre*, si ce n'est à sa femme ; qu'on ne contracte point avec des concubines, une union qui ne serait précédée d'aucune cérémonie, et dont les fruits seraient illégitimes ; qu'on n'ait point avec les personnes du même sexe un commerce stérile, interdit par la nature : à l'égard des femmes, si quelqu'un vivait avec d'autres que celles qui sont entrées dans sa maison sous les auspices des Dieux, et avec des noces consacrées, soit qu'elles aient été *achetées* ou obtenues de *toute autre manière*, si son mauvais commerce vient à la connaissance de qui que ce soit, homme ou femme ; nous ne ferons rien que de juste, en le privant par une loi, comme infâme, de toutes les distinctions et priviléges de citoyen, et en le réduisant à la condition d'étranger. Telle est la loi que je crois devoir porter touchant les plaisirs de l'amour, et toutes les espèces d'unions licites ou illicites que ces sortes de désirs occasionnent entre les hommes (1). »

Mettons bien en lumière la pensée de Platon :

D'abord il interdit, ou semble vouloir interdire la pluralité des femmes, durant le mariage, soit que cette pluralité résulte de la possession *simultanée* de plusieurs femmes légitimes, ou d'une seule femme légitime avec une ou plusieurs concubines.

Il interdit ensuite tout commerce entre les personnes du même sexe, et supprime ainsi les amours dont Socrate, Aristophanes, Xéno-

---

(1) **Platon, Lois, liv. 8. Trad. de V. Cousin.**

phon, Lucien, et d'autres écrivains Grecs, n'ont pas rougi de parler en termes laudatifs ou indulgents.

Enfin, il interdit même l'adultère du mari, aussi bien que l'adultère de la femme, sans distinguer si cet adultère est commis dans la maison conjugale, ou hors de la maison conjugale ; toutefois il faut remarquer qu'il ne parle que de l'adultère des maris avec des personnes *de condition libre*, parce que les esclaves étaient en dehors des règles du droit, et que les adultères avec les esclaves ne comptaient pas (1).

Toute cette partie du système de Platon est certainement très-belle, et il est vrai de dire qu'aucun philosophe n'avait encore découvert des idées aussi justes et aussi rapprochées du Christianisme : mais après avoir rendu cet hommage au génie de Platon, il faut dire comment il est arrivé à s'égarer.

Sa méthode, pour trouver son système, avait été,—comme il le raconte lui-même,— on ne peut plus simple : elle avait consisté à *étudier les mœurs de certains animaux*, et à proposer aux hommes de suivre *leur exemple*, c'est-à-dire de ne jamais s'écarter des lois

______

(1) Nec *adulterium* hoc, sed scortatio est nuncupatum. (Urb. Emmii. App. de Rép. Att. t. 4, p. 612).

naturelles et invariables auxquelles ces animaux obéissaient. Cette méthode, qui l'avait conduit à découvrir de grandes vérités, devait aussi le conduire à commettre de grandes erreurs.

En effet, si la véritable science du législateur consiste à reconnaître que les hommes doivent *imiter la nature* et se conformer *à l'exemple de certains animaux*, pour former leurs unions, il faudra dire aussi que si l'homme et la femme, unis par une inclination réciproque, cessent d'avoir l'un pour l'autre cette inclination, ils pourront reprendre leur liberté naturelle, — *comme les animaux*, — et contracter de nouvelles unions.

Il faudra même aller plus loin.

Comme les animaux ne s'unissent que dans un but aveugle mais certain de reproduction, et que la prolongation de leur union ne peut avoir, devant la nature, aucune raison d'être, si cette reproduction n'a pas lieu, il faudra dire que si le mariage reste stérile, pendant un certain temps, il doit être dissous, et arriver ainsi à reconnaître la légitimité du divorce, même pour cause de *stérilité*.

Toutes ces conséquences découlaient du principe posé, et comme Platon était, avant tout, un esprit ferme et logique, il n'a pas reculé devant ces conséquences.

Il a d'abord déclaré que le mariage pourrait toujours être dissous par le divorce , pour cause *d'incompatibilité d'humeur.*

Ecoutons :

« Si, dit-il, le mari et la femme ne s'accordaient point ensemble , *par incompatibilité d'humeur*, dix gardiens des lois , et autant de femmes , choisies entre celles qui ont inspection sur les mariages , seront toujours chargés d'accommoder ces différents par leur intervention bienveillante. S'ils viennent à bout de les réconcilier , ce qu'ils auront réglé sera approuvé ; mais *si les esprits étaient trop aigris*, ils penseront sérieusement *à unir chacun des conjoints avec une autre personne.* Et, comme il y a apparence que ces querelles viennent d'un caractère peu endurant de part et d'autre , ils tâcheront de les assortir avec des caractères plus modérés. Si les époux, entre qui de pareils différents seraient survenus, n'avaient point d'enfants ou en avaient peu, c'est par égard à ce point qu'on formera les nouvelles unions. S'ils ont un nombre d'enfants suffisant, alors le but de la séparation des conjoints et de leur union avec d'autres est uniquement que les nouveaux époux puissent parvenir ensemble à la vieillesse, et la passer dans une déférence mutuelle (1). »

---

(1) Si vero animi eorum æstuant vehementiùs, pro

Ainsi , d'après Platon , *soit qu'ils aient des enfants ou non* , les époux peuvent toujours avoir le droit de rompre leur union , et d'en contracter de nouvelles , pour cause *d'incompatibilité d'humeur*.

Il ajoute ensuite :

« L'espace de temps où les époux auront des enfants , et où l'on veillera sur eux à cet égard sera de dix ans ; que ceux qui , durant cet intervalle , *n'auront point eu d'enfants* , soient disjoints , pour le bien commun de l'un et de l'autre , après qu'on aura pris l'avis de leurs parents , et des matrones préposées à cet effet (1). »

Ainsi , d'après Platon , si *dix années* s'écoulent , depuis le mariage , sans que les époux aient eu d'enfants , après avoir pris l'avis des parents et des matrones , chargés de constater cette *stérilité*, le divorce devra être prononcé.

On voit où l'on arrive avec ce système.

Le mariage n'a plus ni sécurité ni stabilité ; le sort de chacun des époux dépend entièrement du caprice de l'autre ; l'avenir des enfants peut être , à chaque instant , compromis ; la simple *stérilité* suffit pour briser les liens

---

viribus quærant quinam utriusvis conjuges sint futuri. (Platon , Lois, liv. XI. Ed. F. Did,)

(1) Disjungantur in commodas utriusque partes. (Platon , Lois, liv. 6).

les plus sacrés ; la polygamie *simultanée* n'est détruite que pour retomber dans tous les abus de la polygamie *successive* : en un mot, Platon lui-même ne comprend pas le mariage *sans le divorce*, et même sans le divorce *arbitraire*, puisque la simple *incompatibilité d'humeur* suffira pour l'obtenir.

Mentionnons, — sans y attacher une grande importance, — l'opinion du célèbre Diogène : il disait, « que les femmes devaient être *communes*, qu'il ne devait pas y avoir de mariages, et que chacun devait s'unir à toutes celles auxquelles il pouvait persuader d'y consentir ; il voulait, par conséquent aussi, que les enfants fûssent communs (1). »

Consultons l'ouvrage d'Aristote, sur la politique, ou *la science des gouvernements*.

Aristote déclarait que le système de la communauté des femmes, développé par *Socrate*, présentait, sans doute, de graves inconvénients : mais il est à noter que ni dans cet ouvrage, ni dans la morale à Nicomaque, ni dans la morale à Eudème, ni dans la grande morale, il ne se prononçait, en aucune manière, ni contre la polygamie, ni contre le

----

(1) Dicebat et mulieres *communes* esse oportere, *nuptias nullas* statuens, sed ut quisque cuique persuasisset, ita illi coïret ; idcirco filios esse debere, etc. (Diogène de Laërte. liv. VI, n° 2).

concubinat, ni contre le divorce, ni contre la prostitution, ce qui permet de dire qu'il ne les désapprouvait pas.

Quand il parlait de l'éducation des enfants, il recommandait sans doute aux magistrats d'éloigner de la cité, les statues, et les peintures qui pourraient alarmer leur pudeur, mais il faisait exception *en faveur de certains dieux* « auxquels, dit-il, la loi attribue la lasciveté, et auxquels ceux qui sont un peu plus avancés en âge, peuvent faire des sacrifices pour eux, pour leurs enfants et pour leurs femmes (1) »

Permettre aux adolescents ou aux hommes faits de faire des sacrifices aux dieux qui représentent *la lasciveté*, n'est-ce pas approuver implicitement les institutions qui autorisaient la lasciveté elle-même ?

Arrivons à Zénon.

Longtemps après Socrate, — après Platon, après Diogène, après Aristote, — vivait à Athènes un autre philosophe appelé Zénon, et qui fut le fondateur d'une doctrine très-connue, dans l'histoire de la philosophie, sous le nom de *Stoïcisme*.

---

(1) . . . . Præterquàm apud deos quosdam quibus lex irrisionem subobscœnam attribuit : apud quos pro se, lib ris que et uxoribus, litare iis qui paulo sunt ætate provectiores, *permittitur*. (Arist. Polit. liv. VII, ch. 4. Ed. F. Did.)

Zénon mourut 240 ans seulement avant Jésus-Christ, et laissa de nombreux et d'ardents disciples, non-seulement dans la Grèce, mais encore à Rome : quelle était l'opinion de Zénon et des Stoïciens, en général, sur ces questions ?

Ils admettaient aussi *la communauté des femmes*.

Le fond de leur doctrine était qu'il fallait, en cette matière, *se conformer à la nature*, et prendre ce qu'on trouvait, suivant les circonstances et les inspirations de la passion.

Voici ce que rapporte Diogène de Laërte, en parlant des Stoïciens :

« Ils croient, dit-il, que les sages doivent avoir les *femmes communes*, et qu'il leur est permis de se servir de celles qu'on rencontre, afin que nous aimions tous les enfants, à l'instar des pères, c'est-à-dire d'un égal amour, et que tout soupçon ou tout reproche d'adultère soit écarté : telle est l'opinion de Zénon, dans sa république, de Chrysippe, dans son ouvrage sur cette matière, de Diogène, et même de *Platon* (1). »

Il est plus exact de dire que c'était l'opinion de *Socrate*, comme le déclare Aristote lui-

______

(1) Placet illis uxores quoque communes esse oportere apud sapientes, ut quælibet cum quâlibet congrediatur, (V. Diog. de Laërt. Zénon, § 66.)

même, dans son ouvrage sur *la politique :*
En effet, Aristote était le disciple de Platon,
et devait mieux savoir la vérité que Diogène
de Laërte, qui vivait plusieurs siècles après
lui : mais combien cette opinion *des Stoïciens*
sur la *communauté des femmes*, appuyée sur
l'autorité de *Socrate*, justifiée par l'exemple
de plusieurs peuples, et affirmée avec un
nouvel éclat par Zénon, devait paraître grave
et sérieuse, à l'époque où le stoïcisme exerçait une si grande influence sur les esprits ?

Nous n'avons plus d'espoir que dans
Cicéron !

Cicéron nous apparaît sur la scène du
monde, deux siècles environ après Zénon,
un demi-siècle avant Jésus Christ, et son
merveilleux génie, nourri des études les plus
fortes et les plus variées, doit être plus apte
qu'aucun autre à nous livrer les derniers secrets de la philosophie payenne : quel travail
d'épuration et de simplification s'est-il opéré,
dans les idées philosophiques et morales,
depuis Zénon jusqu'à Cicéron ?

Aucun.

A cette dernière époque, aucune idée, qui
ne se trouve déjà dans la République, les
Lois ou le Timée de Platon, dans la Politique
d'Aristote, ou dans les ouvrages des Stoïciens,
ne se produit encore dans les Lois, les frag-

ments de la République et *du Timée*, les Offices, les Tusculanes, ou les autres productions politiques ou philosophiques de Cicéron : l'esprit public, à Rome, comme dans le reste du monde, vit encore des travaux de l'académie, du lycée, et du portique.

Nous ouvrons le discours par Célius Rufus, et nous y trouvons ces paroles : « Ne refusons pas tout à la volupté ! que l'exacte et sévère raison ne l'emporte pas toujours ! que la passion et la volupté triomphent quelquefois de la raison, pourvu que *la règle et la modération* soient gardées dans ce genre de plaisir !... »

C'est la règle donnée par *Socrate.*

« S'il est quelqu'un, continue - t - il, qui pense que les amours des *courtisanes* soient interdites à la jeunesse, celui - là est bien sévère, je ne puis le nier. Il a non-seulement horreur de la licence de ce siècle, mais même de la coutume de nos ancêtres et des choses permises ! quand cela n'a-t-il pas été fait ? quand cela n'a-t-il pas été permis ? quand est-il arrivé que ce qui est permis ne le soit pas ? (1). »

---

(1) Verùm si quis est qui et *meretriciis amoribus* interdictum juventati putet, est ille, quidem, valdè severus.... abhorret non modo ab hujus sæculi licentiâ, verùm *etiam a majorum consuetudine atque concessis...*

Nous ouvrons son discours pour Cneius Plantius , et nous y trouvons encore ces paroles : « vous dites qu'il a conduit *quelqu'un* en province pour satisfaire sa passion : — *ce n'est pas un crime !* — Il a , dites-vous, enlevé une comédienne ? C'est vrai , le fait eut lieu à Atina , lorsqu'il était encore jeune, en vertu d'une espèce de droit établi depuis longtemps sur les gens de théâtre , et qui s'exerce assez souvent dans les villes d'Italie. *Oh ! combien doit être sage et décente sa jeunesse à laquelle on ne reproche que des choses permises* (1) ! »

On dira que Cicéron parle ici , comme *avocat*, et non pas comme philosophe ; mais ouvrons ses Tusculanes , et nous y verrons qu'après avoir démontré que le sage doit vaincre l'amour , comme il doit vaincre la colère, la tristesse et toutes les passions qui troublent l'esprit , il s'écrie : « Oui , s'il y a un amour sans sollicitude , sans désir , sans soin , sans soupir , nous l'autorisons , *assurément :* cet

---

...... quando reprehensum ? quando non permissum ? quando denique fuit ut, quod licet, non liceret. (Cic. pro Ruf. § 18.)

(1) Ductum esse ab eo in provinciam aliquem dicis, libidinis causâ; quod non crimen est. (Cic. pro Plant. § 12).—O adolescentiam traductam eleganter, cui quidem quùm, quod licuerit, objiciuntur (Loc. Cit.) —

amour est *sans passion*, et nous ne parlons ici que de la passion (1).

Ainsi, ce que Cicéron blâme, ce n'est ni le commerce des courtisanes, ni le commerce charnel, en dehors du mariage : c'est l'égarement de l'esprit, l'absence de mesure et de *modération*, la *passion*, ou l'amour considéré comme obstacle à la possession de soi-même : l'opinion du philosophe se concilie donc complètement avec le langage de l'avocat.

Il ne s'explique pas sur la communauté des femmes proposée par Socrate, et repoussée par Aristote ; il ne dit rien de la possession simultanée des concubines et des épouses dont il avait vu tant d'exemples dans la Grèce et à Rome ; il ne discute pas même la question du *divorce*, mais il fait connaître son opinion par ses actes.

Il répudie sa femme Térentia !

Avait-elle commis un adultère ? avait-elle entretenu quelques liaisons compromettantes ? l'avait-elle outragé ? Non : elle s'était, disait-il, trop peu occupée de lui pendant la guerre ; elle l'avait laissé manquer, à son départ, des choses nécessaires pour le voyage ; enfin,

---

(1) Qui, si quis est, in rerum naturâ, sine sollicitudine, sine desiderio, sine curâ, sine suspirio, *sit sané !* vacat enim omni libidine : hoc autem *de libidine* oratio est. (Tuscul. liv. IV, §§ 33 et suiv. — Voir aussi, de finib. bonor. et malor. liv. III, § 20).

elle n'était pas venue le trouver à Brindes , où il avait fait un long voyage.

Tout cela n'était pas même la cause , ce n'était que le prétexte de son divorce. La vraie cause , c'est qu'il voulait avoir une femme belle et riche : en conséquence, après avoir répudié Térentia , il épousa Publilia.

Vécut-il , au moins , avec cette dernière? Non , il la répudia bientôt elle-même parce qu'il crut qu'elle s'était réjouie de la mort de sa fille Tullia (1).

Nous ne parlons pas , en détail , des autres écrivains, Grecs ou Latins, *antérieurs à Jésus-Christ* , parce qu'ils n'ont découvert aucune autre idée, et ne se seraient pas permis de penser autrement que les Socrate, les Platon, les Aristote, les Zénon et les Cicéron : nous nous bornons à affirmer que *jusqu'à Jésus-Christ*, les théories philosophiques et morales qui viennent d'être exposées , n'ont reçu aucun changement.

Nous ne parlerons pas davantage des écrivains Grecs et Latins *postérieurs* à la publication des écrits des apôtres et à l'enseignement du christianisme par leurs disciples, parce que déjà , dans cette période, les idées

____

(1) Plutarque, Vie de Cic. — Cic. Epit. fam. IV, 14. XI. 21. 22. 24. XII 18.

payennes pures commençaient à se modifier
sous leur influence, et que d'ailleurs, depuis
Sénèque, Epictète et Marc-Aurèle, jusqu'à
Lucien et Plutarque, on ne trouve rien de
nouveau sur les questions spéciales qui sont
l'objet de notre examen.

Maintenant, remontons *aux principes* :

Nous allons comprendre pourquoi toutes
ces rares intelligences, encore fermées aux
lumières du christianisme, ont accepté et
défendu des institutions que nous avons abo-
lies, ou que la conscience publique commence
à repousser.

CHAPITRE VII.

Des causes des erreurs commises par les philosophes et les moralistes antérieurs à Jésus - Christ.

Si quelque chose devrait étonner des hommes versés dans l'étude des idées de l'antiquité, c'est que les philosophes et les moralistes payens, eûssent pu, sans manquer aux règles de la logique la plus élémentaire, arriver à d'autres conclusions que celles où ils sont arrivés.

Voyons, d'abord, de quel principe partaient les philosophes qui proposaient *la communauté des femmes* et des enfants.

Ils partaient de ce principe que tous les hommes, étant originairement des produits spontanés de la terre, et destinés à être anéantis tout entiers par la mort, soit im-

médiatement, soit après diverses transformations animales successives , devaient être
compris dans la classe des animaux ordinaires,
et, par conséquent, régis par les mêmes lois
naturelles : Plaçons - nous, avec eux , à ce
point de vue, et demandons-nous comment
nous devons raisonner, pour établir la règle
des unions.

Puisque les hommes rentrent, par leur
origine et par leur destinée, dans la classe
des animaux ordinaires, nous devons dire
que, pour former leurs unions, ils n'ont rien
de mieux à faire que de se conformer aux lois
qui président aux unions des animaux, et de
suivre les exemples que donne la nature, dont
la sagesse se révèle par l'ordre et la régularité
de ses productions. La nature n'établit aucun
obstacle entre les relations des frères et des
sœurs, des pères et des mères, et ne connaît
pas les incestes et les adultères : imitons donc
la nature , prenons son instinct pour guide,
et nous serons sûrs de ne pas nous tromper.

. C'est là raisonnement qu'ont fait Socrate,
Diogène, Zénon, et leurs écoles.

Si nous observons plus attentivement les
mœurs de certains animaux, comme les oiseaux, par exemple, qui se réunissent par
couples, et restent fidèles les uns aux autres,
durant le temps nécessaire pour assurer l'in-

cubation, la nourriture et l'éducation de leurs petits, nous dirons que l'homme ne doit pas être inférieur à ces animaux, et que c'est cet exemple, et non l'exemple de ceux qui vivent dans une promiscuité complète, qu'il faut suivre : nous déclarerons que l'union par couples, dans une société bien organisée, doit remplacer la communauté des femmes; mais comme on ne peut pas forcer ces couples à vivre ensemble, quand ils se haïssent, ou qu'ils ne remplissent pas le vœu de la nature, qui est la reproduction de l'espèce, nous admettrons qu'il faudra rompre cette union, et les autoriser à en former d'autres, dans le cas d'incompatibilité d'humeur ou de stérilité.

C'est le raisonnement qu'a fait Platon.

Voyons, maintenant, de quel principe partaient les autres philosophes qui n'admettaient pas la communauté des femmes, mais qui acceptaient, sans les discuter, *la polygamie, le divorce et la prostitution*.

Ils partaient de ce principe que l'homme pouvait être propriétaire de son semblable, comme de tous les autres animaux, et que le droit de propriété de l'homme sur l'homme ne différait en rien des propriétaires ordinaires. On sait que ce droit était reconnu par toutes les législations. Plaçons-nous, avec eux, à ce second point de vue, et demandons-nous comment nous devons raisonner.

Puisque les hommes peuvent devenir propriétaires d'une femme, soit par la guerre, soit par les conventions, soit de toute autre manière, nous devrons dire qu'ils auront le droit de devenir propriétaires d'une femme de leur choix, pour s'unir avec elle, et se réserver des droits distincts et privatifs sur les enfants qu'ils en auront : mais si la propriété de l'homme sur son semblable ne diffère en rien des propriétés ordinaires, nous devrons dire encore que, rien ne devant borner leur droit de propriété, ils pourront devenir propriétaires *d'autant de femmes* qu'ils pourront en acquérir ; et, par conséquent, adjoindre à la femme principale et pour le même but, autant de concubines qu'ils pourront s'en procurer.

Le droit de *polygamie* ne sera donc, dans ce système, que l'application des principes du droit de propriété, en général.

Mais si les hommes peuvent devenir propriétaires d'autant de femmes ou de concubines qu'ils pourront se procurer, nous devons dire que les maris pourront toujours renoncer à leur droit de propriété sur ces femmes, car il est toujours permis au propriétaire de renoncer au droit qu'il a sur sa propre chose. Au contraire, comme la chose possédée ne peut pas briser le lien qui l'attache au possesseur, nous devons dire que les femmes qui seront ainsi possédées, *à titre de propriété*, ne pourront pas rompre le lien qui les attache à leurs maris.

Le droit de répudiation accordé aux maris contre les femmes, et refusé aux femmes contre les maris, ne sera donc encore que l'application des principes du droit de propriété, en général.

Mais la propriété, c'est le droit d'user et *d'abuser*.

Si nous admettons que les hommes peuvent être propriétaires de leurs semblables, comme de tous les autres êtres de la création, et que cette espèce de propriété ne diffère en rien des propriétés ordinaires, nous devons dire que les propriétaires d'hommes ont le droit, comme tous les autres propriétaires, d'user et même *d'abuser* de ce qui leur appartient; par conséquent, les maîtres qui peuvent vendre et tuer leurs esclaves; les pères et mères qui peuvent vendre et tuer leurs enfants, les maris qui peuvent vendre et tuer leurs femmes, peuvent donc aussi les *prostituer*, car, ils ne font que tirer légitimement profit d'une chose qui leur appartient : par la même raison, ceux qui s'appartiennent à eux-mêmes, peuvent également *abuser* de leur propre corps, et se prostituer.

La *prostitution* ne sera donc encore, dans ce système, que le résultat du droit de propriété, appliqué à l'espèce humaine.

Cette proposition est si exacte que, partout où ce faux principe subsiste encore, on retrouve les mêmes institutions : ainsi, dans la Cochinchine, dans la Chine, dans le Japon, dans le royaume de Siam, où les maris sont encore *propriétaires* de leurs femmes, la polygamie, le divorce et la prostitution existent, à l'état d'institutions légales, comme avant le christianisme (1).

Il est donc bien démontré que les philosophes antérieurs à Jésus-Christ, en proposant la communauté des femmes, ou en approuvant la polygamie, le divorce et la prostitution, ne faisaient que respecter, dans leurs conséquences, des principes universellement admis, et qu'à moins de savoir ce qu'ils ne savaient pas, ils ne pouvaient éviter les erreurs dans lesquelles ils sont tombés.

Mais avec Moyse et Jésus-Christ, tout va changer.

---

(1) « A Siam, on achète les femmes, excepté la légitime, et le mari peut les revendre. » Béloulino, (de la femme, p. 194, 196 et suiv.)—De Paw, recherches sur les Chinois, t. IV, p. 77 et 78, et t. V, p. 9).

SECTION DEUXIÈME.

DROIT HÉBRAIQUE.

CHAPITRE Ier

Exposé préliminaire.

Sur la question de l'esclavage, sur la question du droit de vie et de mort dans la famille, sur celles de la mutilation des membres, de la castration, de la marque et de la flagellation, nous avons prouvé que la législation de Moyse, quoiqu'elle remontât aujourd'hui à plus de trois mille trois cents ans en deçà de nous, était incomparablement supérieure à toutes les autres législations de l'Orient et de l'Occident, et notamment au Droit Grec et au Droit Romain, qui lui sont pourtant bien postérieurs.

Nous allons continuer de prouver cette supériorité par d'autres exemples.

Ainsi, sur la question de la *polygamie*, nous allons démontrer que si la loi de Moyse n'avait pas interdit la pluralité des femmes, comme l'ont prétendu certains Juifs eux-mêmes, elle s'était, au moins, efforcée d'en réduire le nombre ; nous ferons voir qu'elle signalait déjà les inconvénients du mariage et du concubinat simultanés, entre certaines personnes, et apportait à l'exercice de ce droit des restrictions dont on ne trouve la trace chez aucun autre peuple.

Sur la question du *divorce*, nous montrerons que si la loi de Moyse tolérait, en principe, le droit de répudiation des maris à l'égard de leurs femmes, comme elle avait toléré la polygamie, elle avait, au moins, spécifié les causes graves pour lesquelles ce droit pouvait être exercé. Après avoir indiqué quelques cas dans lesquels les maris ne pouvaient pas répudier, nous établirons qu'un second mariage de la femme, *du vivant de son premier mari*, était déjà considéré comme une action coupable, à l'égard de ce dernier comme devant Dieu.

Sur la question de la *prostitution*, nous établirons que Moyse avait interdit, dans toute l'étendue de la Terre Sainte, la prostitution *sacrée ou religieuse*, qui était la principale source de toutes les autres : nous mettrons sous les yeux les textes par lesquels il avait interdit aux filles Israélites le métier de *courtisane*, et aux hommes eux-mêmes un autre métier analogue. — et encore plus hideux, — qui était très-commun chez les autres peuples : nous dirons les précautions qu'il avait prises pour écarter les enfants des prostituées des fonctions publiques, et les priver des avantages attachés au titre de citoyen Israëlite.

Après avoir prouvé que toute espèce de fornication contre nature entrainait contre les coupables les dernières rigueurs de la loi, nous ferons connaître une série de dispositions desquelles il résultait que si un mari prouvait que sa femme s'était abandonnée à un autre homme, *avant son mariage*, elle devait être condamnée *à la peine de mort*, et que si un homme séduisait ou violentait une jeune fille, il devait être condamné à l'épouser, ou à la doter.

Avant de terminer cette section, nous ferons ressortir ce qu'il y a de vraiment grand, d'élevé, de respectueux pour la créature humaine, dans l'ensemble de ces dispositions sur cette matière, et nous ferons voir par des textes que, — dans la volonté du législateur, comme dans la réalité des faits,— le peuple Israëlite devait être, et a été, un peuple éminemment initiateur, et choisi pour répandre dans le monde, les premiers principes de la civilisation universelle.

CHAPITRE II.

Des restrictions apportées au droit de polygamie chez les Hébreux.

En lisant avec attention la Genèse, on trouve plusieurs passages qui démontrent que l'usage d'avoir, en même temps, plusieurs femmes, soit à titre d'épouses légitimes proprement dites, soit à titre de concubines, ou de femmes de second rang, existait chez les anciens patriarches.

Ainsi, nous voyons, d'abord, que Lamech, fils de Mathusaël, eut deux femmes en même temps : *Ada* et *Sella*. On croit que c'est le premier homme qui introduisit cet usage, et les Rabbins soutiennent, — assez conjecturalement d'ailleurs, — qu'avant le déluge, chaque homme avait deux femmes, comme Lamech (1).

Après le déluge, Abraham, fils de Tharé, et qui était né à Ur, en Chaldée, avait en même temps trois femmes : 1° Sara, fille d'Aram, à laquelle il donnait le titre de Jescha, c'est-à-dire femme principale ; 2° Agar, esclave égyptienne, qui lui avait été donnée par Sara elle-même, parce qu'elle était *stérile* ; et 3° enfin, Cethura, que l'écriture désigne sous le nom de *concubine*, et dont il eut six enfants (2).

Les commentateurs font remarquer ici, — avec raison, — que ces concubines étaient de véritables *épouses*, (ainsi que la Genèse les appelle elle-même), mais des épouses de rang inférieur, et presque des esclaves : ils disent que la femme principale était épousée d'une manière solennelle, recevait une dot, gouvernait la maison, et que ses enfants étaient héritiers du père, tandis que la concubine, au contraire, était généralement *épousée*, sans écritures, sans contrat dotal, sans solennité, et que ses enfants recevaient seulement des legs (3).

---

(1) Gén. 4-19. 23. D. Calm. liv. I, ch. 4.
(2) Gén. XI. 29. XVI. 3. Cethura, *concubinœ* Abraham. (1. paralip. 1. 32).
(3) Concubinas has fuisse *veras uxores*, (ità enim vocantur) (V. 1), sed ignobiliores, et ferè servas, nudè

Toutes ces explications sont conformes aux détails que nous avons déjà recueillis dans les législations de l'Orient, où les concubines étaient, en effet, des femmes *mariées*, et où les enfants des concubines ne recevaient que des *legs* : c'est ainsi que, d'après la Genèse, Abraham donna tout ce qu'il possédait à son fils Isaac, et ne distribua que des *présents* aux fils de ses concubines (1).

Nous trouvons plusieurs autres exemples de polygamie, chez les anciens patriarches, mais la Bible a soin de faire remarquer qu'ils prenaient ces concubines, parce que leurs femmes étaient *stériles*, et elle ajoute que les parents des femmes principales imposaient, quelquefois, aux maris, l'obligation de ne pas prendre d'autres concubines.

C'est ce qui arriva pour Jacob.

Jacob avait épousé, en même temps, Rachel et Lia, filles de Laban, qui demeuraient avec leur père, dans la Mésopotamie de Syrie : mais ces deux femmes étant devenues tour-à-tour *stériles*, il prit, sur leur proposition même, et à titre de concubines,

---

primaria uxor erat, et dicebatur domina. Sic Abraham Jeschæ (C. XI, 29) dedit nomen Saraï, id est princeps, vel domina mea : (Corn. él. à Lap. — D. Calmet, — Gen. vers. 6, ch. 25. Max. bibl. patr. Levit. XVIII. 18.

(1) Filiis autem *concubinarum* largitus est munera (Gen. XXXV. 5, 6).

deux jeunes esclaves, appelées Bala et Zelpha : lorsqu'il quitta la Mésopatamie avec ses quatre femmes, et ses enfants, pour retourner dans la terre de Chanaan, Laban, son beau-père, vint le trouver et lui dit : « Si vous maltraitez mes filles, et *si vous prenez* d'autres femmes qu'elles, nul n'est témoin de nos paroles que Dieu qui est présent et qui nous regarde (1). »

Nous pourrions encore citer l'exemple d'Esaü, frère de Jacob, et qui, après avoir épousé Judith, fille de Béer Héthéen, et Basemoth, fille d'Elon, du même pays, prit encore en mariage Maheleth, fille d'Ismaël ; mais nous devons plutôt nous attacher à étudier la polygamie, sous l'empire de la *loi de Moyse*.

Les Sadducéens, les Caraïtes, et quelques commentateurs, ont soutenu que cette loi l'avait interdite.

Ils ont manifestement altéré le sens des textes pour arriver à cette interprétation, mais ce qu'il est très-vrai de dire c'est que le législateur des hébreux avait déjà restreint l'exercice de ce droit, par plusieurs dispositions très-remarquables et dont on ne trouve

____

(1) Genèse, ch. XXIX, 27 et 28. XXX, 7 et 17. — Si introduxeris alias uxores (d. XXXI. 5).

la trace dans aucune des anciennes législations de l'Orient et de l'Occident.

La première disposition qui nous parait devoir être signalée, est celle par laquelle il interdit au roi d'Israël d'avoir un grand nombre de femmes ; elle était conçue en ces termes : « Il n'aura point un grand nombre d'épouses, qui se rendent maîtresses de son esprit (1). »

Cette disposition montrait les inconvénients de la pluralité des femmes, en ce qu'elle détourne l'esprit des pensées sérieuses qui doivent occuper les princes, et elle insinue assez clairement que si les princes ne doivent pas se laisser dominer par les voluptés sensuelles, les simples particuliers ne doivent pas être, sous ce rapport, moins modérés que les princes.

Mais elle n'avait pas fixé le nombre de femmes ou de concubines que le roi pourrait épouser, et ce silence servit de prétexte à de graves abus. Les Rabbins pensèrent que les rois pouvaient avoir jusqu'à dix-huit femmes, et les rois poussèrent le mépris de la loi beaucoup plus loin que les Rabbins.

Ainsi, le roi Salomon eut sept cents femmes qui étaient, dit le texte, comme

____

(1) Non habebit uxores *plurimas*. (Deuter. XVII. 17).

autant de reines, et trois cents concubines,
ce qui faisait *mille femmes* : Roboam, fils de
Salomon, eut lui-même dix-huit femmes, et
soixante concubines, ce qui faisait *soixante
dix-huit femmes*.

Mais leur conduite fut sévèrement jugée et
attira sur eux de grands châtiments (1).

La seconde disposition de la loi de Moyse
qui avait, évidemment, pour but de restreindre le droit de polygamie, portait ce qui suit :
« Vous ne prendrez pas en *concubinat* la sœur
de votre femme, *de son vivant*, et vous ne
découvrirez point en elle ce que la pudeur
veut qui soit caché (2). »

La version grecque des Septante ajoute :
pour lui donner de la jalousie ; et la version
chaldéenne dit : *pour lui donner de la douleur.*

On ne trouvera jamais, assurément, dans
les législations payennes, une disposition
empreinte d'autant de prévoyance, de sensi-
bilité et de sollicitude pour les femmes, et il
suffit de lire ces quelques lignes pour com-

---

(1) Lois, lib. 3, ch. XI. 1 et suiv. — Depravatum est
cor ejus per mulieres. — Paralap. lib. 2. ch. XI, 21.—
et ch. XII.

(2) Sororem uxoris tuæ in pellicatum illius non
accipies, nec revelabis turpitudinem ejus, illâ vivente.
(Vulgate). — Uxorem super sororem ejus non accipies
pellicem (Septante). — Levitiq. XVIII, 18.

prendre combien le législateur des Hébreux s'inspirait déjà de principes différents !

En défendant de prendre, en même temps, les deux sœurs pour femmes, l'une à titre de femme principale et l'autre à titre de concubine, la loi laissait entrevoir toutes les douleurs qu'engendre inévitablement une pareille rivalité : cette rivalité est moins cruelle, peut être, pour des femmes issues de familles différentes, mais elle entraîne les mêmes maux. Cette formule était donc faite pour provoquer sur ce point d'utiles réflexions.

C'est pour cela que les Caraïtes et les Sadducéens avaient eu la pensée de donner au mot *sœur*, un sens plus étendu, et de soutenir que Moyse avait voulu interdire de prendre pour concubines, des femmes *Israélites*, ou d'avoir, en même temps, plusieurs femmes de cette nation.

Enfin, la troisième disposition, qui n'est pas moins significative que les deux autres, contient ces mots : « Si un homme *a deux épouses*, et que ces deux épouses aient eu des enfants de lui, il ne pourra, sous aucun prétexte, faire passer sur la tête du puiné les avantages que la loi accorde à l'aîné (1) »

Le principal but de cette loi était, sans

---

(1) Si habuerit homo duas uxores. (Deuter. XXI, 15).

doute, de déclarer que le fils issu de la femme principale, aurait sur la succession paternelle, des droits qui ne pourraient jamais être attribués aux enfants issus des concubines. Nous avons vu que cette disposition existait aussi chez les Annamites, et chez quelques autres peuples de l'Orient ; mais il est impossible de ne pas remarquer que le législateur semblait encore ne pas vouloir admettre l'hypothèse qu'un homme eût *plus de deux femmes*.

Nous savons que les Rabbins n'interprétaient pas ce texte de cette manière.

Ils soutenaient que chaque Israélite avait le droit d'épouser autant de femmes qu'il pouvait en nourrir, et les plus sages conseillaient seulement de ne pas dépasser le nombre de *quatre* : mais les Rabbins cherchaient plus à satisfaire les passions de leur temps, qu'à trouver le véritable esprit des textes, et nous aurons plus d'une fois, dans cette section, le regret de constater qu'ils n'avaient que trop souvent dénaturé l'œuvre de leur grand législateur.

Ce qu'il y a de vrai, c'est que si la loi de Moyse tolérait la polygamie, elle réagissait déjà contre ses abus ; qu'elle contenait, à cet égard, des dispositions restrictives qui faisaient regarder cette coutume *avec défaveur* par une partie de la nation, et que de pareilles restrictions n'existèrent chez aucun autre peuple, depuis le temps de Moyse jusqu'à l'avénement du Christianisme.

CHAPITRE III.

**Des restrictions apportées au droit de répudia-
tion chez les Hébreux.**

Un jour, voyant le fils d'Agar, l'Egyp-
tienne, qui jouait avec son fils Isaac, et le
traitait avec inconvenance, Sara vint trouver
Abraham, et le pria de renvoyer la femme
qu'elle lui avait donnée.

Abraham fut affiigé de cette demande, à
cause d'Ismaël.

Néanmoins, obéissant à une inspiration
divine qui lui montrait, dans Isaac, la race
qui devait porter son nom, il prit du pain et
une outre remplie d'eau, plaça cette outre
sur l'épaule d'Agar, lui livra son fils, et la
renvoya (1).

____

(1) Genèse, XXI. 9. 10. 14.

Tel est, dans toute sa simplicité, le récit de la première répudiation connue dans l'histoire, et qui nous est rapportée par la Genése : il importe de remarquer qu'Abraham répudia cette femme d'une manière tout-à-fait arbitraire, car, il ne paraît pas qu'elle eût personnellement commis aucune faute.

Cette répudiation fut - elle faite conformément à un usage déjà établi parmi les hommes ? servit-elle d'exemple aux autres hommes qui voulurent aussi répudier leurs femmes ? c'est une question qu'il est difficile de décider, mais il est admis, par tout le monde, que le droit de répudiation s'était perpétué depuis Abraham jusqu'à Moyse.

Moyse, sans le consacrer et l'approuver formellement, l'admit en termes implicites dans sa législation, comme une tradition qui ne pouvait être tout-à-coup interrompue : mais il s'efforça d'en restreindre l'exercice, et de faire entrevoir le vice qui devait entraîner, un jour, son abolition.

La première disposition que nous rencontrons, a pour but de *spécifier les causes* qui pouvaient autoriser la répudiation, et d'imposer la nécessité de rédiger *un écrit*, qui devait être remis à la femme, pour que cette répudiation fût valable.

Elle est ainsi conçue :

« Si un homme a épousé une femme, et a vécu avec elle, et que cette femme n'ait pas trouvé grâce devant ses yeux, *à cause de quelque chose de honteux*, il écrira une lettre de répudiation, et la remettra dans la main de cette femme, et il la renverra de sa maison (1). »

Si l'on devait se conformer exclusivement au texte, il semble bien que le législateur n'avait entendu autoriser un mari à répudier sa femme que pour le cas où elle aurait commis une action coupable, ou sérieusement déshonorante : mais ce n'est pas ainsi que tous les Rabbins l'entendirent, et les controverses les plus ardentes s'engagèrent, pour savoir ce que la loi avait voulu dire en parlant de : *quelque chose de honteux.*

Il y avait, avant Jésus-Christ, deux grandes écoles qui attiraient l'attention publique en Judée : c'était l'école de Samaïas, et l'école de Hillel.

Samaïas et ses disciples interprétaient ces mots en ce sens que, pour user légitimement du droit du divorce, il fallait une raison fon-

---

(1) Et non invenerit gratiam ante oculos ejus, *propter aliquam fœditatem*, scribet libellum repudii, etc. (Deut. XXIV. 1). Les Septante disent : *fœdam rem*, les versions Syriaque, Arabique et Samaritaine, disent : *ob rem turpem* ; la version Chaldaïque : *aliquid fœditatis.*

dée sur quelque *fait* sérieux et contraire à l'honnêteté publique, de la part de la personne qu'on répudiait : au contraire Hillel et ses disciples interprétaient ces mots en ce sens qu'il suffisait de trouver, *dans la personne*, ou dans les actes, de la femme qu'on voulait répudier, quelque chose qui pouvait paraître digne de blâme.

Il y avait même un autre Rabbin célèbre, appelé Akiba, qui enseignait, avec une grande autorité, et en s'appuyant sans doute sur l'exemple d'Abraham, qu'il suffisait simplement qu'une femme n'agréât pas à son mari ; il traduisait le texte de Moyse de la manière suivante : « Si un homme a pris une femme.... et *qu'elle ne trouve pas grâce à ses yeux*, ou qu'il trouve en elle *quelque chose de honteux*, il pourra lui donner des lettres de répudiation (1). »

D'après les deux auteurs Juifs, Philon et Josèphe, ce fut l'interprétation la plus large qui prévalut, c'est-à-dire que le droit de répudiation en faveur des maris, fut admis dans la pratique, *pour toute espèce de cause.*

Aussi, dans ses commentaires sur les lois spéciales, Philon s'exprime ainsi : « Si une

---

(1) Dom. Calmet, (Dissertation sur le divorce chez les Hébreux).

femme est répudiée, *pour quelque cause que ce soit.* »

Josèphe n'est pas moins explicite : « Que celui, — dit-il, — qui, *pour quelques causes que ce soit,* (il s'en présente beaucoup parmi les hommes) veut divorcer d'avec la femme qui demeure avec lui, atteste par un écrit qu'il ne veut plus avoir rien de commun avec elle : alors, cette femme aura la faculté d'habiter avec un autre ; car, avant que cette déclaration soit faite par écrit, elle n'en a pas le droit. »

Et mettant sa conduite d'accord avec ses principes, Josèphe déclare qu'il répudia lui-même sa femme, parce que *ses mœurs ne lui plaisaient pas* (1).

Ainsi comprise, la loi de Moyse n'était pas meilleure que la loi payenne, mais il faut reconnaître que le texte valait mieux que le commentaire, et que la critique retombe non sur le législateur, mais sur la doctrine Rabbinique, toujours disposée à interpréter la loi dans un sens étroit et grossier.

---

(1) Philon, de special. leg. ad præcept. 6.—Qui vero ab uxore secum habitante *quascumque ob causas* disjungi velit (multæ autem tales hominibus accidunt) scripto confirmet, se non amplius cum eâ rem habituram esse. Sic enim facultatem accipiet cum alio habitandi : nam que priusquam hoc fiat, illud non permittendum. » — Quod ejus mores *mihi non placerent.* (Josèphe. Antiq. Jud. Liv. 4, ch. 8.—Grotius, V. 32.

Ici se présente la question de savoir si, sous la loi de Moyse, les maris *seuls* pouvaient répudier leurs femmes, (comme chez les autres peuples, avant Jésus-Christ), ou si les femmes pouvaient aussi répudier leurs maris.

Sur ce point, le texte parait formel.

Il ne prévoit que l'hypothèse où un mari veut répudier sa femme, et le silence qu'il garde, dans le cas où une femme voudrait répudier son mari, suffirait pour autoriser à penser qu'il lui refuse le même droit : mais cette interprétation est encore pleinement justifiée par les commentaires de Flavius Josèphe.

Après avoir dit que Salomé, sœur d'Hé-rode - le - Grand, était la première qui eût osé donner l'exemple d'une femme qui avait répudié son mari, il s'exprime ainsi : « elle fit ce divorce, *contre les lois des Juifs* ; chez nous, la répudiation est permise à un homme, mais celle qui a quitté spontanément son mari, ne peut jamais se marier à un autre, à moins qu'auparavant elle n'ait été renvoyée par lui (1). »

______

(1) ...... « Contra quam ferunt Judæorum leges. — Nam viro quidem, apud nos, id facere licet ; *neutiquam vero feminæ*, quæ sponte discesserit, alteri nubere fas est, nisi priùs marito demittatur. » (Josèphe, liv. 15, ch. 7. liv. 18, ch. 7. liv. 20, ch. 5).

Ainsi, quand on voit, dans l'Ancien Testament, des femmes qui se remariaient du vivant de leur mari, on peut être sûr qu'elles avaient reçu *le libelle de répudiation :* elles pouvaient, sans doute, se séparer *de fait*, sans se remarier, mais elles ne pouvaient contracter valablement un second mariage, que lorsqu'elles avaient reçu l'acte de divorce, rédigé conformément à la loi.

La différence qui existe entre le droit hébraïque et le droit payen, commence à se manifester dans les dispositions suivantes, qui méritent toute l'attention.

Lorsqu'une fille Israélite s'était déshonorée avec un homme, *avant son mariage*, elle devait être condamnée à mort, si le fait avait été commis dans l'intérieur d'une ville, et qu'elle n'eût pas crié, pour appeler du secours ; si, après avoir subi un pareil outrage, — *n'importe dans quel lieu,* — elle épousait un autre homme que celui qui l'avait déshonorée, elle pouvait encore être condamnée à mort sur la plainte du mari, parce que, — disait la loi, — « *Elle a fait une chose qu'il est défendu de faire en Israël.* » Mais si le mari, qui accusait sa femme d'inconduite, avant son mariage, ne faisait pas cette preuve, il était condamné lni-même à la peine du fouet, à cent sicles d'argent, à titre de dommages-intérêts , envers le père de la fille , et il était *à jamais privé du droit de la répudier.*

Si un Israélite commettait un viol sur une fille de sa nation , il devait donner au père de la fille cinquante sicles d'argent, épouser la fille , (si elle y consentait), et il ne pouvait *jamais la répudier durant tout le cours de sa vie* (1).

Il résulte de ces dispositions, que tout acte de fornication simple , en dehors du mariage, pouvait entraîner des châtiments terribles , même quand il était le résultat d'un consentement libre , et que le droit de répudiation se trouvait interdit dans les deux cas qui viennent d'être indiqués.

Nous n'insisterons pas , quant à présent, pour montrer combien le législateur des Hébreux avait devancé , par ces dispositions, toutes les conceptions les plus heureuses des autres législateurs du paganisme : mais nous devons, au moins, faire remarquer combien ces dispositions sont importantes pour maintenir la pureté des mœurs, en dehors du mariage.

Il existe un autre texte, bien plus remarquable encore que tous ceux que nous venons

______

(1) « *Quoniam fecit nefas in Israël.* » (Deuter. XXII, 14 et suivants).

de rappeler, parce qu'il montre que, dès cette époque, l'intention évidente de Moyse avait été de présenter le droit de répudiation sous des couleurs très-défavorables, et de préparer les esprits à sa suppression définitive.

« Si, — disait ce texte, — une femme répudiée a épousé un second mari, et que ce mari concevant à son tour de l'aversion pour elle, la renvoie hors de sa maison, après lui avoir remis le libelle de répudiation, *ou même s'il vient à mourir*, le premier mari ne pourra plus la reprendre, *parce qu'elle a été souillée et qu'elle est devenue abominable devant le Seigneur* : ne faites pas *pécher la terre* que le Seigneur vous a donnée pour la posséder (1). »

Pourquoi donc une femme qui avait été répudiée, et qui, après cette répudiation, s'était remariée, ne pouvait-elle plus contracter un nouveau mariage *avec son premier mari*, lorsqu'elle était redevenue libre, c'est-à-dire, lorsqu'elle avait été répudiée une seconde fois, ou même lorsque son second mari était mort ?

— Par la raison, dit la loi, qu'elle avait été souillée, et était devenue abominable devant Dieu.

____

(1) Deuteron. XXIV, 2, 3, 4, 5.

— Mais si la loi lui permettait de se remarier avec un autre, après sa répudiation, comment peut-on dire que ce mariage était une souillure ?

— Parce qu'il était une espèce d'adultère légal, *vis-à-vis du premier mari*, s'il vivait encore, au moment où le second mariage était contracté.

— Quel est donc, en résumé, le sens de cette loi ?

— Le Voici :

Si une femme mariée, connaît un autre homme, durant son mariage, elle commet un adultère ; mais si, après avoir été répudiée, elle se remarie avec un autre homme, elle commet encore, *vis-à-vis de son premier mari*, une espèce d'adultère, comme si elle n'était pas mariée, parce que la répudiation laisse subsister son premier mariage : c'est pour cela que la loi dit qu'elle a été *souillée*, et qu'elle est devenue abominable devant Dieu ; elle ne peut pas retourner avec son premier mari, parce qu'il n'est pas permis à un Israélite de continuer de vivre avec une femme adultère (1).

L'idée de l'indissolubilité du mariage, commence à poindre, dans la législation de

____

(1) Dom Calmet, et tous les interprètes.

Moyse, quinze cents ans avant de se préciser et de se manifester pour la première fois, dans la législation de Jésus-Christ !

Mais c'est surtout, dans les dispositions relatives à l'abolition de la prostitution, que la supériorité du droit hébraïque sur le droit payen apparaît dans tout son éclat :

Nous y arrivons.

CHAPITRE IV.

De l'abolition du droit de prostitution chez les Hébreux.

Si l'on interroge les Juifs sur les matières que nous étudions, ils répondent qu'il vaut encore mieux, — pour la dignité des mœurs et le développement régulier de la population, — tolérer *la polygamie*, que d'imposer, sous des peines sévères, l'obligation de la monogamie, et de laisser à tout le monde, comme nous le faisons, la liberté de la prostitution.

Une discussion, sur ce sujet, serait sinon sans intérêt, au moins sans profit, parce que l'alternative ne peut plus être aujourd'hui posée ; mais il est certain que les Juifs, en parlant ainsi, ne font que se conformer à l'opinion de leur législateur qui, contrairement aux autres, ne semble, en effet, avoir toléré la polygamie, que pour interdire, de la manière la plus rigoureuse, toute espèce de prostitution.

Son premier soin fut de faire cesser, dans toute l'étendue de la Terre Sainte, les scandaleuses débauches auxquelles les générations de son temps, égarées par une fausse piété, avaient coutume de se livrer, pour honorer les Dieux.

Deux causes principales contribuaient à entretenir ces désordres : l'offrande du prix de la prostitution aux prêtres, pour l'entretien du service des temples, et l'existence, autour de ces temples, de bois épais, également consacrés aux Dieux, et dont les ombrages favorisaient tous les déréglements (1).

Moyse supprima ces deux causes.

Voici le premier texte qui défendait de déposer dans le trésor du temple, ou dans les mains des prêtres, le prix de la prostitution :

« Vous n'offrirez point, dans la maison du Seigneur, votre Dieu, le prix de la prostitu-

---

(1) Luci, nemora que, idolis sacra, turpissimarum libidinum umbracula..... Libidines exerceri in hostis, (St. Ephrem, disc. Exég.) Cæteri ferè homines, exceptis Græcis et Ægyptiis, in locis sacris coëunt (Hérod. XXI, 21).

tion, ni le prix du chien, quelque vœu que vous ayez fait, *parce que l'une et l'autre chose est une abomination devant le Seigneur, votre Dieu* (1). »

Les commentateurs ne sont pas unanimement d'accord sur le sens de ces mots : *le prix du chien.*

Quelques - uns pensent que la loi avait entendu interdire de présenter, à titre d'offrande, le salaire remis à ceux qui prêtaient des chiens de chasse ou de berger, pour des accouplements ; d'autres, au contraire, croient que, par ces mots, la loi voulait désigner le prix d'un certain genre de prostitution auquel s'abandonnaient les hommes : selon eux, on appelait ce genre de prostitution, la prostitution *du chien*, afin de marquer la dégradation de ceux qui semblent imiter ces animaux (2).

C'est ce dernier sens qui nous paraît le plus exact.

---

(1) Non offeres mercedem *prostibuli*, nec pretium canis, in domo domini, dei tui, quidquid illud est quod voveris ; quia abominatio est utrumque, apud Dominum Deum tuum. (Deuter. XXIII, 18).

(2) Dans le premier sens : Josèphe, antiq. liv. IV, ch. 8. — Dans le deuxième sens : Menoch., Bonfr. Piscat. Calmet, V. quia canis vile et impudens animal. (Vat.)--Videte canes. (Phil. 3, 2.) foris canes.--Apocalip. 22. V. 15.

Voici le second texte qui défendait de planter des bois autour du temple : « Vous ne planterez, — disait la loi, — ni de grands bois, ni aucun arbre quelconque, autour de la maison du Seigneur, votre Dieu. »

Tous ceux qui ont étudié la législation de Moyse reconnaissent que cette disposition avait pour but de mettre obstacle aux débauches dont ces bois étaient le théâtre (1).

Après avoir ainsi supprimé l'une des sources, sinon la plus fréquente, au moins la plus dangereuse de la prostitution, c'est-à-dire la prostitution religieuse ou sacrée, Moyse attaqua cette plaie honteuse jusque dans l'intérieur de la famille : il interdit aux pères et mères de *prostituer leurs filles.*

Il dit, dans le Lévitique : « *Vous ne prostituerez pas votre fille, afin que la terre ne soit pas souillée, et remplie de crimes* (2). »

Moyse inscrivit ensuite, dans son code, une disposition plus générale, et qui avait pour but d'atteindre non - seulement les maîtres qui auraient prostitué leurs *esclaves*, mais encore les maris qui auraient prostitué leurs

---

(1) Deuteron. XVI. 21. — Ne videaris imitari sacros lucos Gentilium, præsertim Priapi : sacra enim Priapi fiebant in lucis, ut obscenitates ejus iis tegerentur. (Corn. à Lap. Loc. cit.)

(2) « Ne prostituas filiam tuam, ne contaminetur terra, et impleatur piaculo. (Lévit. XIII. 25).

femmes, et tous ceux qui auraient voulu se prostituer *eux-mêmes*.

Il dit, dans le Deutéronome : « Il n'y aura point de courtisane *d'entre les filles* d'Israël, ni de fornicateurs *d'entre les enfants d'Is-raël* (1). »

Le mot de *fornicateur* est employé ici, à cause de l'impossibilité de trouver, dans la langue française, un mot qui corresponde exactement à l'hébreu : *Kadès*. Il y a toute apparence que par ce mot, la loi voulait désigner les infâmes victimes d'une impudicité monstrueuse, qui sont souvent appelées, dans l'Ecriture, *des efféminés* : c'est dans ce sens que la version Samaritaine a traduit le texte hébraïque, et les meilleurs interprètes s'accordent à reconnaître que telle est, en effet, la véritable pensée du législateur (2).

Enfin, pour inspirer encore aux fils et aux filles d'Israël une horreur plus profonde de la prostitution, le législateur ajouta cette disposition : « le bâtard, c'est-à-dire celui qui est né d'une *femme prostituée*, n'entrera

______

(1) Non erit meretrix de filiabus Israël, nec scortator de filiis Israël. (Deuter. XXIII, 17).

(2) 3. Lois, XIV. 24. XV. 12. XXII. 47. XXIII. 7. — Non sines vivere *cynedum*. (Vers. Samarit.)—Scortator verti potest *scortum masculum*, putà cynedus, sive puer pathicus. (Cornel. à Lapid., D. Calmet.)

point dans l'assemblée du Seigneur jusqu'à la dixième génération (1). »

C'était une espèce d'interdiction des droits civils et politiques, prononcée contre les hommes qui descendaient des *prostituées.*

Mais c'est surtout les attentats aux mœurs *contre nature*, que Moyse avait flétris avec une indignation vraiment éloquente. Après avoir énuméré tous les cas qui pouvaient se présenter, et que nous nous abstenons de reproduire, il avait dit : « Vous ne vous souillerez point par toutes ces choses, dont se sont souillées toutes les nations que je chasserai de devant vous, et dont cette terre a été elle-même souillée. Je punirai les crimes de cette terre, afin qu'elle *vomisse* hors de son sein ses habitants. Gardez mes lois et mes ordonnances, et que ni les Israélites, ni les étrangers qui voyagent parmi vous, *ne commettent aucune de ces abominations* (2). »

---

(1) Non ingredietur mamzer, hoc est *de scorto natus,* in ecclesiam Domini usque ad decimam generationem. (Deuter. XXIII. 2).—Les Septante, l'Arabe, et la plupart des interprètes traduisent de même : *ex meretrice.* (Bibl. Polygl. et Max. bibl. patr.)

(2) Lévit. XVIII, 22. 23. 24. 25. 26. XX. 22. 23. — Voir, dans le même sens Josèphe, (Rép. à Appion, liv. 1. ch. 10,) et Philon, de spécial. legib.

Quelles étaient les peines prononcées contre ceux qui violaient ces lois ?

Ces peines étaient diverses.

Philon dit que les femmes de mauvaise vie devaient être *lapidées*, selon la loi : cette assertion n'est peut-être pas dénuée de fondement, puisque la fille du prêtre devait être brûlée vive, dans le cas où, — sans même se livrer à la prostitution, — elle était surprise en flagrant délit de fornication.

Il est certain que, par cela seul que la prostitution était expressément interdite, ceux qui transgressaient la loi, sous ce rapport, ne pouvaient rester impunis : on devait, au moins, ainsi que nous l'avons précédemment expliqué, faire subir aux prostituées *israélites* la peine de la flagellation, et appliquer des peines plus rigoureuses aux prostituées *étrangères*; mais la loi punissait *de la peine de mort* tous ceux qui se rendaient coupables d'actes contraires *aux fins naturelles*, et un seul acte isolé de cette nature suffisait pour entraîner cette peine (1).

Nous n'insisterons pas sur toutes ces pénalités, parce que si, sous l'empire de la loi de Moyse, il était nécessaire de les bien déter-

---

(1) Philon, de special. leg. præcept. 6 et 7.--Levitiq. XX. 13. 16. XXI. 8. XIX. 20. 21.

miner, pour les appliquer, cette nécessité n'existe plus aujourd'hui : le système pénal adopté par le Pentateuque, n'étant plus en harmonie avec les principes du christianisme, il n'est pas possible aux législateurs modernes, d'y puiser, sous ce rapport, des enseignements utiles.

Nous n'entreprendrons pas davantage de rechercher si toutes ces lois qui interdisaient la prostitution, en général, ont toujours été bien exécutées par les Israélites, durant toutes les phases de leur histoire : nous aurions peut-être, à cet égard, de tristes aveux à passer (1).

Mais ce que nous tenons à mettre bien en lumière, ce sont les *principes*.

Il est certain que la loi de Moyse avait posé *ces principes* avec une sûreté, une précision et une sagesse qui, — *pour cette époque*, — seraient difficiles à comprendre, si l'on écartait l'idée d'une inspiration divine. Aujourd'hui, après plus de trois mille ans, il n'y aurait encore rien à y changer.

Qu'importe, au surplus, que les Israélites

---

(1) Ad Judæos quoque dimanâsse tum puerorum tam puellarum *prostibula* colligitur ex. 3. reg. 24. IV. 23. 7. 2. mach. IV. 12. V.

aient négligé d'exécuter cette loi? L'ignorance et les passions des hommes n'ont qu'un temps , mais les principes sont éternels.

Entendons-nous, d'abord, sur *les principes* : nous ne tarderons pas, ensuite, à nous mettre d'accord pour leur application.

CHAPITRE V.

De la comparaison de l'Ancien Testament, avec les législations et les philosophies payennes, en matière de polygamie, de divorce et de prostitution.

Ceux qui voudront comparer attentivement les idées du législateur des Hébreux, sur ces matières, avec les idées des législateurs et des philosophes antérieurs à Jésus-Christ, devront s'apercevoir que, tandis que Moyse est illuminé déjà d'un rayon de la sagesse éternelle, les législateurs et les philosophes du paganisme marchent encore dans les ténèbres les plus épaisses, et viennent se heurter, tour à tour, à des erreurs qu'on n'oserait plus soutenir aujourd'hui.

Ainsi, par exemple, s'ils comparent les idées de l'Ancien Testament, en matière de mariage, avec celles du sage Socrate, du sage Zénon et de tant d'autres sages, ils seront forcés de confesser, d'abord, que le système de la communauté des femmes, — si fort préconisé par ces derniers, — n'est pas précisément aussi pur que celui qui a été adopté par le pentateuque.

S'ils comparent les idées de l'Ancien Testament, en matière de polygamie, avec celles des différents peuples, ils devront avouer que personne, si ce n'est Moyse, n'a pris soin d'interdire le mariage avec un grand nombre de femmes, *(plurimas)*, et n'a considéré comme un acte coupable la possession simultanée de deux sœurs, dont l'une aurait le titre de femme principale, et l'autre de concubine. S'ils font cette comparaison, en matière de divorce, ils reconnaîtront que personne, — si ce n'est Moyse — n'a eu l'idée de proclamer qu'une femme répudiée ne pourrait plus retourner avec son premier mari, quand elle aurait appartenu à un autre homme, *même après un mariage régulier,* parce qu'elle aurait été souillée, et aurait commis une espèce d'adultère.

S'ils mettent en regard les doctrines de Solon et de Lycurgue, de Socrate, d'Aristote, de Cicéron, et de tous les écrivains grecs et latins, avec celles du législateur des Hébreux, en matière de prostitution, ils baisseront, certainement, les yeux, et ne voudront plus soutenir la comparaison.

Ce qui les frappera, surtout, c'est l'ensemble des mesures que le législateur des Hébreux avait prises, pour supprimer toute espèce de relations charnelles en dehors du mariage, et qui sans constituer la prostitution proprement dite, rentrent dans la classe des attentats contre les mœurs qu'on appelle la fornication simple.

Ainsi, un homme séduisait-il une jeune fille qui n'était point encore fiancée? il devait l'épouser, ou payer autant d'argent qu'il en fallait, d'ordinaire, pour la marier. La déshonorait-il par la violence? il devait non seulement l'épouser, ou la doter plus largement, mais s'il l'épousait, il ne pouvait plus la répudier. Une fille se laissait-elle corrompre avant de se marier? si elle épousait un autre que le corrupteur, elle pouvait encourir non seulement la honte d'une condamnation, mais encore le dernier supplice.

Avec de pareilles dispositions contre la prostitution et même contre la simple fornication, Moyse avait tellement fortifié le mariage, purifié le célibat, et assaini les mœurs, qu'aucun autre peuple de la terre n'aurait pu supporter, *à cette époque*, une législation relativement aussi parfaite : on voit, que *l'auteur du Pentateuque* a eu la volonté bien arrêtée de faire des Hébreux un peuple à part, un peuple choisi, de lui inculquer des idées de piété, de justice, de sagesse, de gravité et d'austérité de mœurs, telles qu'on n'en rencontrait pas encore chez les autres hommes, de le façonner, de l'instruire, de le former, et d'en faire un jour *l'instituteur du genre humain*. Cette volonté qui apparaît dans tous ses actes, éclate jusque dans ses paroles : « Si vous écoutez ma voix, disait-il, si vous gardez mon pacte, vous serez le seul d'entre tous les peuples que je posséderai comme mon bien propre, car toute la terre est à moi. — Vous serez saints, parce que je suis saint, et je vous ai séparés des autres peuples pour que vous soyez à moi. — *Vous serez pour moi un royaume sacerdotal et une nation sainte.* — Vous êtes, répétait-il, un peuple saint, et consacré au Seigneur votre Dieu : le Seigneur votre Dieu vous *a choisis*, afin que vous fûssiez le peuple qui lui fût propre et particulier d'entre tous les peuples qui sont sur la terre (1). »

______

(1) Eritis mihi peculium de cunctis populis, et vos eritis mihi in regnum sacerdotale et gens sancta. (Exod. XIX. 5. 6). — Lévit. XX. 26. — *Te eligit* Dominus tuus ut sis ei populus peculiaris de cunctis populis qui sunt supra terram. (Deuter. VII. 7. XIV. 2).

Ce n'est ni dans les livres de l'Inde, ni dans les livres de la Chine, ni dans les livres de l'Egypte, ni dans les livres de la Grèce, ni dans les livres de Rome, qu'on peut trouver une aussi grande pensée.

Oui certes, pour concevoir la pensée de faire d'un peuple *un royaume sacerdotal et une nation sainte*, il faut être grand !...

Nous ne voulons rien dire d'excessif, parce que le défaut de mesure fait perdre le terrain que la modération et le bon sens peuvent gagner, mais il nous sera peut - être permis de dire, — après avoir transcrit ces dernières paroles, — que refuser à l'Ancien Testament un caractère exceptionnel de grandeur, et au peuple Israélite, une mission providentielle distincte parmi les peuples, ce serait vouloir fermer les yeux à l'évidence.

Pourquoi ces différences considérables entre le droit hébraïque et le droit payen ?

Parce que l'objectif du législateur a changé.

L'objectif du législateur, chez les payens, c'est l'homme créé *à la ressemblance des animaux* ; l'objectif du législateur, chez les Hébreux, c'est l'homme *créé à l'image et à la ressemblance de Dieu*. Il n'était pas donc possible que le législateur des payens s'entendît avec le législateur des Hébreux.

Mais nous ne sommes pas au bout de nos étonnements, et Jésus-Christ va nous révéler d'autres idées qui vont encore s'éloigner davantage de tous les systèmes de législation et de philosophie du paganisme.

SECTION TROISIÈME.

DROIT CHRÉTIEN.

CHAPITRE Ier

Exposé préliminaire.

Longtemps avant la naissance et la prédication de Jésus-Christ, le bruit s'était répandu dans l'Orient, que des hommes *partis de la Judée* s'empareraient du gouvernement du monde, vers le temps de Vespasien, c'est-à-dire vers le commencement de l'ère chrétienne.

Comment ce bruit avait-il pris naissance ?

Avait-il été amené par un de ces pressentiments singuliers qui ressemblent, parfois, à des communications de l'Esprit de Dieu à l'esprit de l'homme? provenait-il de la lecture des livres de Moyse, qui avait prédit que le sceptre ne sortirait pas de Juda, jusqu'à l'arrivée de Celui qui serait « *l'attente des nations ?* » S'appuyait-il sur les prophéties de David, qui avait parlé de l'avénement d'un *libérateur*, dont la domination devait s'étendre jusqu'aux extrémités de la terre? reposait-il sur d'autres prophéties qui disaient que le Messie naîtrait *à Béthléem*, que le Seigneur des armées ébranlerait le ciel et la mer, et tout l'univers, et remplirait les nations de sa gloire? N'était-il pas plutôt fondé sur ce passage, vraiment extraordinaire, d'Isaïe : « J'éleverai un signe au milieu d'eux; j'en choisirai quelques-uns qui auront été sauvés, pour les envoyer vers les nations de la mer, en Afrique, en Lydie, parmi les peuples armés de flèches, dans l'Italie, dans la Grèce, dans les îles les plus reculées, vers des hommes qui n'ont point entendu parler de moi, et ils annonceront ma gloire aux nations ! (1). »

C'est un problème que nous ne chercherons

---

(1) Genèse 49. 10. — David. Ps. 115. 8. — 56. 4. — 71. 8, — 41. 1. 2. 27. — Michée, 4. 1, 2, 3. — 5. 2. 3. 4. 5. Aggée, 2. 6. 7. 8. et Isaïe 66. 19.

pas à résoudre ; mais un écrivain qui n'est pas suspect de partialité en faveur du christianisme, et qui écrivait sous le règne d'Adrien, — l'historien Suétone, — a laissé échapper ces paroles : « C'était, dit - il, une antique et ferme croyance, dans l'Orient, que l'empire du monde appartiendrait, vers ce temps, *à des hommes venus de la Judée* (1). »

Quand les apôtres, qui arrivaient précisément de la Judée, se présentèrent chez les différents peuples, au nom du libérateur annoncé par les prophéties de l'Orient, il y eut, d'abord, un vif sentiment de curiosité : mais quand on apprit que ce libérateur, qu'on croyait voir apparaître sous les traits d'un conquérant redoutable, n'était autre que Jésus crucifié sur le Golgotha, et que ce conquérant avait eu la pensée de s'emparer du gouvernement du monde par une doctrine nouvelle, la curiosité fit bientôt place à un sentiment de moquerie et de dérision.

Quoi ? — s'écriait-on de toutes parts, — ils prétendent que nous, les législateurs, les philosophes, les sages, qui avons suivi les traditions de l'humanité pendant des milliers d'années, nous ne connaissons pas les hom-

---

(1) Percrebuerat Oriente vetus et constans opinio ut, eo tempo.e, Judææâ profecti rerum potirentur. (Suétone, vie de Vespasien, § 4.)

mes, et nous n'entendons rien à la direction des affaires humaines ? Ils prétendent qu'eux seuls possèdent les véritables principes , et veulent substituer une civilisation nouvelle à notre vieille civilisation ?

— Ils sont fous !

Et en effet, dans l'Afrique, dans la Lydie, dans l'Italie, dans la Grèce, dans les îles les plus reculées , chez tous les anciens peuples énumérés par le prophète, quand on entendait les apôtres expliquer l'Evangile , **on** pouvait avoir cette opinion : ils annon - çaient une doctrine qui était en contradiction avec la plupart des idées reçues, et paraissait, — sinon dangereuse , — au moins tout-à-fait disproportionnée avec la nature humaine ; ils tendaient à faire abandonner un ensemble d'institutions civiles et religieuses, qui avaient pour elles l'approbation de tout ce qu'il y avait d'hommes puissants dans le monde , l'adhésion des masses , et la sanction du temps. — Si ce n'était pas de la folie, c'était quelque chose qui semblait bien s'en rap- procher.

A cette accusation, que pouvaient répondre les apôtres ?

Ils pouvaient répondre que ce qui avait été considéré jusqu'à présent comme la *sagesse*, n'avait été qu'une aberration de la raison

humaine abandonnée à ses propres forces ,
tandis que ce qu'ils appelaient leur *folie* ,
c'est-à-dire la folie de Jésus-Christ crucifié ,
c'était la véritable , l'éternelle , l'immuable
sagesse de Dieu , restée inconnue aux hommes , et qui était destinée à détruire et à
remplacer les œuvres de la fausse sagesse
humaine : enfin , ils pouvaient répondre que
s'ils n'étaient que des hommes obscurs , faibles , pauvres et ignorants , pour lutter contre
les docteurs et contre les sages , c'est que
Jésus-Christ avait voulu faire éclater , d'une
manière plus visible , l'intervention de la
puissance de Dieu , dans le succès de la mission dont il les avait chargés.

C'est , en effet , ce que les apôtres
répondirent.

Nous avons le texte même de la réponse
de saint Paul , et nous allons citer ce texte
tout entier , parce qu'aucun commentaire ne
pourrait jamais en égaler la hardiesse et la
profondeur :

« La prédication de la croix , dit saint
Paul , est une folie pour ceux qui périssent,
mais pour nous , qui sommes sauvés , elle est
la puissance de Dieu. Car , il est écrit , j'abo-
lirai la sagesse des sages , et j'anéantirai la
science des intelligents. Où est le sage , où est
le scribe , où est le docteur profond du siècle?

Dieu n'a-t-il pas fait voir que la sagesse de ce monde n'était qu'une folie ? car puisque, par cette sagesse, le monde n'a point connu Dieu, il a plu à Dieu de sauver, par la folie que nous prêchons, ceux qui croiraient. Les Juifs demandent des miracles, et les Grecs cherchent la sagesse, mais pour nous, nous prêchons Jésus-Christ crucifié, qui est un scandale aux Juifs, et une folie aux Grecs. Mais pour ceux qui sont appelés, tant Juifs que Grecs, Christ est la puissance de Dieu, et la sagesse de Dieu. Car la folie de Dieu est plus sage que les hommes, et la faiblesse de Dieu est plus forte que les hommes. Considérez, mes frères, qui vous êtes, vous que Dieu a appelés : il n'y a pas parmi vous ni beaucoup de sages selon la chair, ni beaucoup de puissants, ni beaucoup de nobles, (*non multi potentes, non multi nobiles.)* Mais Dieu a choisi les choses folles du monde, pour confondre les sages, et Dieu a choisi les choses faibles du monde, pour confondre les fortes. Et Dieu a choisi les choses viles du monde, et les plus méprisées, même celles qui ne sont point, *pour anéantir celles qui sont*, afin que personne ne se glorifie devant lui... Ma parole et ma prédication n'ont point consisté dans les discours pathétiques de la sagesse humaine, mais dans une démonstration d'esprit et de vertu : *(in osten-*

sione spiritûs et virtutis), or, nous prêchons la sagesse entre les parfaits, une sagesse non de ce monde, ni des princes de ce monde, qui vont être anéantis ; mais nous prêchons la sagesse de Dieu qui était un mystère, une chose cachée, que Dieu avait destinée, avant les siècles, pour notre gloire, et qu'aucun des princes de ce monde n'a connue : car, *S'ils l'eussent connue, ils n'auraient jamais crucifié le Seigneur de gloire.* Mais comme il est écrit : Ce sont des choses que l'œil n'avait point vues, que l'oreille n'avait point entendues, *et qui n'étaient point venues dans l'esprit de l'homme,* et que Dieu avait préparées à ceux qui l'aiment, Dieu nous les a *révélées.* » Et saint Paul termine cette magnifique explication, par ces mots : « Que personne ne s'abuse soi-même : si quelqu'un d'entre vous pense être sage en ce monde, qu'il devienne *fou,* pour devenir *sage. Car la sagesse de ce monde est une folie devant Dieu :* et aussi, il est écrit : c'est lui qui surprend les sages dans leurs finesses (1). »

N'avions-nous pas raison de dire qu'aucun commentaire ne pouvait atteindre la profondeur et la hardiesse de ces paroles ? est-il

---

(1) Stultus fiat ut sit sapiens : sapientia enim hujus mundi stultitia est apud Deum (I. Cor. 3.--Ch. 1. 2. 3).

possible de dévoiler, en moins de mots, l'inanité de la science des payens ? La prédiction de la ruine, — plus ou moins lente, mais inévitable, — d'une civilisation fondée sur de faux principes, n'est-elle pas assez claire ? La nouveauté de la doctrine de l'Ancien et du Nouveau Testament n'est-elle pas assez énergiquement affirmée ? Enfin, les événements qui se sont accomplis, depuis les apôtres, n'ont-ils pas prouvé que la sagesse des anciens sages n'était qu'une folie, et que c'était, comme le disait saint Paul, la folie de la croix qui était la véritable sagesse ?

Qui pourrait aujourd'hui le méconnaître ?

Les sociétés dans lesquelles nous vivons, ne sont encore, sur beaucoup de points, que l'ébauche des sociétés qui sont en voie de formation, sous l'influence des principes du christianisme, mais les principaux traits qui caractérisaient la physionomie des sociétés anciennes ne sont déjà plus reconnaissables, et l'ébauche est visiblement marquée du sceau et de l'empreinte de Jésus-Christ.

Mais parmi les réflexions que faisait saint Paul, il en est une que nous devons principalement noter, parce qu'elle montre l'abîme qui sépare le paganisme du christianisme, et la distance qui existe même entre le Nouveau et l'Ancien Testament. C'est celle-ci : *Nous préchons la sagesse entre les parfaits* (1). »

C'est parce que Jésus-Christ et les apôtres prêchaient la sagesse *entre les parfaits*, que les sages du paganisme et de la Judée, qui n'avaient jamais entendu parler de cette sagesse, considéraient les réformes qu'ils indiquaient, et qui ont déjà réussi, comme des folies : c'est parce que le christianisme prêche la sagesse *entre les parfaits*, que les sages de nos jours, — chrétiens de nom, mais encore juifs ou payens par les traditions et les idées, — et qui ne comprennent pas la perfection en dehors de ce qui existe, considèrent comme des utopies irréalisables les réformes indiquées par Jésus-Christ et les apôtres, et qui restent à faire.

Quelles sont ces réformes ?

C'est ce que nous nous proposons d'indiquer.

Nous allons, d'abord, démontrer que l'idée d'abolir, en même temps, la polygamie, le divorce et la prostitution, a été une des folies de la croix, et que cette folie était, pourtant, si sage et si raisonnable que nous avons aboli déjà, non - seulement la polygamie, *mais*

____

(1) Loquimur sapientiam inter perfectos (1 Cor. 2. 6.)

même le divorce : nous allons démontrer en second lieu, qu'après avoir fait ces deux réformes, il faut encore que nous marchions en avant dans la voie qui nous a été tracée par le christianisme, et qu'un des premiers progrès qui restent à accomplir, c'est d'abolir la prostitution.

CHAPITRE II.

**Textes du Nouveau Testament sur l'abolition
du divorce.**

On trouve dans l'évangile de saint Mathieu,
dans celui de saint Marc, dans celui de saint
Luc, dans les épîtres de saint Paul, et dans
les canons des apôtres, plusieurs textes desquels il résulte que Jésus-Christ a formellement aboli le divorce.

Ces textes sont trop importants, et ont
donné lieu à trop de controverses, pour qu'il
ne soit pas nécessaire de les citer intégralement : — nous les citerons, d'ailleurs, par
ordre de dates.

Le premier évangile qui a été publié est
l'évangile de saint Mathieu : Il a été écrit,
dans la Judée, en langue hébraïque, et était
principalement destiné aux Juifs.

Dans cet évangile, saint Mathieu rapporte que Jésus se voyant, un jour, suivi d'une grande multitude de peuple, accourue de la Galilée, de la Décapole, de la Judée, et des contrées situées au-delà du Jourdain, s'assit sur une montagne, et qu'entr'autres paroles, il prononça celles-ci :

« Il a été dit : Quiconque renvoie sa femme, qu'il lui remette le libelle de répudiation. Mais *moi*, je vous dis : que tout homme qui renvoie sa femme, excepté dans le cas de fornication, la fait devenir adultère, et que celui qui épouse une femme renvoyée, commet l'adultère. (1)

Quel est le sens exact de ces paroles ?

Jésus-Christ disait, d'abord, que les maris n'avaient point le droit de renvoyer leurs femmes, *pour toute espèce de cause*, — comme on le croyait généralement, chez les Juifs eux-mêmes, — mais seulement *pour une seule cause*, à savoir la fornication ou l'adultère, parce que la fornication d'une femme mariée constitue toujours un *adultère*.

Jésus-Christ disait, en second lieu, qu'en les renvoyant, les maris exposaient leurs

______

(1) Quicumque dimiserit uxorem suam , det ei libellum repudii : ego autem dico vobis quia omnis qui *dimiserit* uxorem suam, — *exceptâ fornicationis causâ,* — facit eam mœchari : et qui *dimissam* duxerit, adulterat. St. Math. V. 31. 32).

femmes à contracter un nouveau mariage, et que, même dans ce cas, ce second mariage constituerait encore un adultère : Enfin, et réciproquement, il ajoutait que si les hommes eux-mêmes, — dont la loi de Moyse n'avait pas parlé, — épousaient une femme *renvoyée ou répudiée*, ils commettraient aussi un adultère, dans le cas, (sous-entendu), — où le premier mari de cette femme vivrait encore.

Sans doute, il ne disait pas *encore*, en termes formels, que le mariage n'était jamais dissous par la répudiation ou le divorce, et que, par suite, l'un des époux, — même après le divorce, — ne pouvait jamais se remarier, *du vivant de l'autre*, mais il le disait en termes tout-à-fait équivalents : en effet, pourquoi un homme commettrait-il un *adultère*, en épousant une femme répudiée, si cette femme n'était pas encore mariée, ou si le lien de son mariage ne subsistait pas encore après cette répudiation ?

Si le mariage de la femme répudiée ne subsistait pas encore, est-ce que l'homme libre qui l'épouserait, pourrait commettre un adultère ? évidemment, non : Donc, en disant que la femme qui était répudiée commettrait un adultère, en se ramariant, il disait implicitement que son précédent mariage n'était pas dissous par la répudiation.

Mais pourquoi Jésus-Christ le disait-il en termes équivalents, au lieu de le dire en termes formels?

Par une excellente raison, qu'il est aisé de comprendre.

Il parlait à des Juifs très-attachés à leur législation, et, surtout, très-partisans du divorce, dont ils croyaient avoir le droit d'user, *pour toute espèce de cause* : Il était entouré d'une foule d'hommes plus attirés vers lui par ses miracles que par la sublimité de sa doctrine, et il ne faisait encore que *commencer son enseignement* : on comprend que; dans ces circonstances, il était obligé de s'exprimer avec ménagement, d'insinuer sa pensée plutôt que de la mettre trop brusquement en lumière, et de la laisser deviner par la méditation, plutôt que de l'accuser avec dureté,— afin de ne pas rebuter les esprits.

L'occasion de revenir sur ce sujet, et de fournir à ses auditeurs des éclaircissements plus complets, ne tarda pas à se présenter.

Un jour, après avoir quitté la Galilée, et atteint les limites de la Judée au-delà du Jourdain, Jésus-Christ se trouvait encore suivi par des foules nombreuses, et guérissait des malades, lorsque des Pharisiens s'approchèrent de lui, pour le tenter, c'est-à-dire pour le surprendre dans ses réponses, et lui demandèrent « *s'il était permis de renvoyer sa femme pour toute espèce de cause ?* » (1)

Disons, d'abord, ce qu'étaient les Pharisiens.

Les Pharisiens étaient des Juifs qui se distinguaient des autres par la manière de vivre dont ils faisaient profession : ils avaient un grand crédit sur le peuple, à cause de l'apparence de leur piété, de l'austérité de leurs mœurs, et de l'estime particulière dont ils jouissaient auprès des grands : Ils passaient, surtout, pour connaître mieux que personne les lois et les traditions de leur pays.

La question qu'ils faisaient à Jésus-Christ était fort embarrassante : s'il répondait qu'on pouvait renvoyer sa femme *pour toute espèce de cause*, il soulevait aussitôt contre lui les disciples de l'école de Samaïas, qui n'admettaient pas cette interprétation ; s'il disait, au contraire, qu'on ne pouvait renvoyer sa femme que pour *cause d'adultère*, il mécontentait tous les partisans de la doctrine de Hillel, qui permettaient de la renvoyer *pour toute espèce de cause* : dans un cas, comme dans l'autre, il s'attirait des ennemis ardents, irréconciliables, et disposés à mettre tout en œuvre pour le déconsidérer et pour le perdre.

(1) « Si licet homini dimittere uxorem *quácumque ex causá ?* » St. Mathieu, ch. XIX. 1 et suiv.)

Il fallait donc à Jésus-Christ une immense sagesse, et une sûreté d'esprit merveilleuse pour affirmer sa doctrine, sans tomber dans les piéges qui lui étaient tendus : il eut cette sagesse et cette sûreté d'esprit.

« *N'avez-vous pas lu*, répondit-il, que celui qui créa l'homme, dès le commencement, les créa mâle et femelle, et dit : Pour cette raison, l'homme abandonnera son père et sa mère, et s'attachera à sa femme, et ils seront deux dans une seule chair. Ainsi, *ils ne sont plus deux mais une seule chair : que l'homme ne sépare donc pas ce que Dieu a joint ! (1).* »

Les prémisses de ce raisonnement étaient inattaquables.

C'était, en effet, Moyse lui-même qui avait donné dans la *Genèse*, l'explication du mariage, et il n'était pas possible de contester le principe que le mari et la femme ne formaient *qu'une seule chair* : sur ce point, les Pharisiens furent obligés de garder le silence.

Mais Jésus-Christ ajoutait qu'une fois que cette union solennelle avait été régulièrement contractée, c'est-à-dire placée sous les auspices de *Dieu*, il n'était plus au pouvoir de

______

(1) Itaque jam non sunt duo, *sed una caro. Unum corpus*, (dit la version Syriaque.)—Quod Deus conjunxit, homo non separet. — (St. Math. XIX. 5. 6.)

l'*homme* de la rompre : ici, la conclusion ne découlait plus nécessairement des prémisses, puisque la loi de Moyse avait autorisé elle-même *le divorce.*

Les Pharisiens ne manquèrent pas de faire cette objection.

— S'il faut entendre ces paroles de Moyse, en ce sens que le mariage, une fois qn'il a été régulièrement contracté, ne peut plus être dissous que par la mort et non par *le divorce* c'est-à-dire par la volonté de l'homme, pourquoi donc, — reprirent-ils, — Moyse a-t-il permis de donner le libelle *du divorce*, et de renvoyer sa femme? (1).

— « C'est, leur répondit Jésus, à cause de la dureté de votre cœur, que Moyse a permis de renvoyer sa femme : mais il n'en a pas été ainsi *au commencement.* Aussi, je vous dis que quiconque renvoie sa femme, si ce n'est en cas de fornication, et *en épouse une autre,* commet un adultère, et celui *qui épouse* une femme renvoyée par son mari, commet aussi un adultère (1). »

---

(1) Quid ergo Moyses mandavit dare libellum repudii, et dimittere. (XIX. 7.)

(1) Dico autem vobis quia quicumque dimiserit uxorem, nisi ob fornicationem, *et aliam duxerit,* mæchatur, et qui dimissam duxerit mæchatur. (St. Mathieu, XIX, 3.)

C'est comme s'il avait dit :

C'est parce que Moyse, connaissant vos caractères et vos mœurs, redoutait vos violences à l'égard de vos femmes, — si vous aviez été contraints de les garder, — qu'il vous a permis le divorce. Quand il a donné des lois à vos pères, il a pensé qu'il valait mieux déroger, *temporairement*, au principe de l'indissolubilité du mariage, que d'exposer de faibles et malheureuses créatures à des brutalités, et peut-être à la mort : mais soyez bien convaincus que c'est le mariage d'Adam et d'Eve qui, dans la volonté du Créateur, doit servir de type à tous les mariages : Le temps est venu de proclamer de nouveau cette loi, de la rétablir, de l'enseigner aux hommes, d'appeler toutes les nations à la pratiquer : Et c'est pourquoi je vous dis que le mariage est indissoluble !....

En entendant cette réponse, les disciples de Jésus-Christ eux-mêmes éprouvèrent un si profond étonnement, qu'ils laissèrent échapper ces paroles : « Si la condition d'un homme est telle vis-à-vis de sa femme, *il n'est pas avantageux de se marier.* » *(1)*

---

(1) Dicunt ei discipuli ejus, si ita est causa hominis cum uxore, non expedit nubere (St. Math. XIX. 10.)

Cette opinion était, sans doute, bien exagérée, ainsi que l'expérience l'a démontré, mais elle prouve combien le mariage, tel qu'il a été établi, ou plutôt *rétabli* par Jésus-Christ, leur paraissait une chose nouvelle, et présentait, à leurs yeux, un caractère différent de celui qui était connu et pratiqué chez les anciens.

Nous devons faire remarquer, ici, que tous ces détails se trouvent dans le même évangéliste *saint Mathieu*, qui a expliqué ainsi, lui-même, le sens et la portée des premières paroles prononcées par Jésus-Christ, dans le sermon sur la montagne.

Après l'évangile de saint Mathieu, parut, *à Rome*, — l'évangile de saint Marc, écrit en langue grecque, sous la dictée, ou au moins, avec l'approbation de saint Pierre dont il était le disciple.

Saint Pierre avait entendu, comme saint Mathieu, les discours de Jésus-Christ sur la montagne, les paroles qu'il avait prononcées sur le divorce, et sa réponse aux Pharisiens : Il est donc certain que si le sens des paroles rapportées par saint Mathieu pouvait paraître encore obscur, sur quelques points, nous devrions trouver des éclaircissements précieux dans saint Marc, qui écrivait non plus pour des Juifs, mais pour des payens.

Saint Marc reproduit, d'abord, mot pour

mot, la question des Pharisiens à Jésus-Christ, et la réponse de Jésus-Christ à ces derniers : Il répète, notamment, que l'homme et la femme ne sont plus deux, mais *une seule chair*, et que l'homme ne peut plus séparer ce que Dieu a joint ; et il ajoute :

« Etant dans la maison, ses disciples l'interrogèrent de nouveau sur la même chose, et il leur dit : Si un homme renvoie sa femme *et en épouse une autre*, il commet un adultère vis-à-vis de la première, et si une femme renvoie son mari, *et en épouse un autre*, elle commet un adultère (1).

On voit que l'évangéliste St. Marc exprime exactement la même idée que saint Mathieu. Il y ajoute seulement un nouveau détail : c'est que, quand les Pharisiens furent partis, les apôtres prirent Jésus-Christ à part, *dans une maison*, et le prièrent de s'expliquer de nouveau sur ce qu'il avait dit ; et ce fut alors que le divin Maître leur fit la même réponse, en leur faisant comprendre que, soit qu'un mari renvoyât sa femme ou qu'une femme renvoyât son mari, ni le mari ni la femme ne pouvaient se remarier sans devenir adultères.

______

(1) Quicumque dimiserit uxorem suam, *et aliam duxerit*, adulterium committit super eam, et si uxor dimiserit virum suum, *et alii nupserit*, mœchatur. (St. Marc, X. 1 à 12.)

Saint Luc, disciple et compagnon de saint Paul, a écrit l'évangile qui porte son nom, *après celui de saint Marc*, à Corinthe, et en langue grecque. Il déclare lui-même qu'il l'a écrit « *suivant le rapport de ceux qui depuis le commencement avaient vu de leurs propres yeux, et avaient été les ministres de la parole* (1). »

Cette déclaration a une grande importance.

Nous ne prétendons pas, sans doute, que l'évangile de S. Luc mérite plus de confiance que les autres évangiles, mais nous disons que *l'opinion de tous les hommes apostoliques* — recueillie et attestée par saint Luc, — doit être prise en grande considération par tous ceux qui veulent connaître exactement le sens des paroles de Jésus-Christ, rapportées par saint Mathieu et par saint Marc.

Or, voici les paroles de Jésus-Christ, d'après les témoignages de tous ceux qui l'ont vu et entendu :« Quiconque renvoie sa femme et *en épouse une autre*, commet l'adultère, et quiconque épouse celle que son mari a renvoyée, commet l'adultère (2).

Saint Luc affirme donc bien, en thèse géné-

______

(1) Sicut tradiderunt nobis qui ab initio ipsi *viderunt et ministri fuerunt sermonis*. (St. Luc. 1. 1. 2.)

(2) Omnis qui dimittit uxorem suam, et alteram ducit, mæchatur, et qui dimissam a viro ducit, mæchatur. (St. Luc. XVI. 18.)

rale, — comme saint Marc — que tout mariage de l'un des époux — soit que le mari ait renvoyé sa femme, soit que la femme ait renvoyé son mari, — est formellement interdit par Jésus-Christ.

Faut-il, maintenant encore, apporter le témoignage de l'apôtre saint Paul ? — Rien n'est plus complet et plus décisif que ce témoignage, deux fois exprimé dans sa première épître aux Corinthiens, et dans son épître aux Romains.

« Quant à ceux qui sont mariés, écrit-il aux Corinthiens, ce n'est pas moi, mais le Seigneur qui leur fait ce commandement, que la femme ne *s'éloigne point de son mari*, ou que, si elle s'en éloigne, ELLE RESTE SANS SE REMARIER, ou se réconcilie avec son mari, et que le mari ne renvoie pas sa femme (1). »

Il faut ajouter aussitôt, comme le sens l'indique, d'ailleurs : ou que si le mari renvoie sa femme, *il reste aussi sans se marier*. Cette addition était, ici, d'autant plus superflue que l'homme est, sous le rapport du divorce, dans la même position que la femme, devant la loi de Jésus-Christ.

Enfin, saint Paul exprime encore l'idée de

____

(1) Quod si discesserit, manere innuptam, aut viro suo reconciliari, et vir uxorem non dimittat. (1. Cor. VII. II.)

l'indissolubilité du mariage sous une autre forme, en disant : « une femme est liée à la loi *tant que son mari est vivant :* que si son mari meurt, elle devient libre ; qu'elle se marie à qui veut, pourvu que ce soit selon le Seigneur. »

Dans son épître aux Romains qui est postérieur à l'épître aux Corinthiens, il dit encore : « Une femme est sous le pouvoir d'un mari, tant que le mari est lié à la loi ; si son mari meurt, elle est déliée de la loi du mari. C'est pourquoi, *tant que le mari vit,* elle est appelée adultère, *si elle va avec un autre homme. Si son mari est mort,* elle est dégagée de la loi du mari, et elle n'est pas adultère, si elle va avec un autre homme (1). »

Cette formule nouvelle reproduit, avec toute la netteté et toute l'exactitude possible, l'idée qui ressort de tous les textes des trois évangiles, et a le mérite d'écarter toutes les objections : on dirait que l'apôtre qui s'explique le dernier, et pour la dernière fois, sur cette question capitale, a voulu prévenir toutes les fausses interprétations qu'un examen super-

---

(1) Mulier alligata est legi, quanto tempore vire jus vivit. quod si dormierit vir ejus, liberata est. *cui vult nubat : tantum in domino.* (I. Cor. VII. 39.) — Quæ sub viro est mulier, vivente viro, alligata est legi : si autem mortuus fuerit vir ejus, soluta est a lege viri ETC. (V. Rom. VII. 2. 3.)

ficiel pourrait faire naître, à l'occasion des textes ci-dessus cités.

Enfin, il reste à faire connaître deux documents — qui peuvent être considérés comme le résumé et le couronnement de tout ce qui a été dit : nous voulons parler des deux dispositions tirées des canons des apôtres, dont l'origine remonte, comme nous l'avons dit précédemment, aux premiers temps de l'ère chrétienne, et dont l'authenticité n'a jamais été contestée dans l'église latine.

La première est ainsi conçue : « Si un laïc, chassant sa propre femme, *en prend une autre,* — ou prend une femme *renvoyée par un autre,* qu'il soit privé de la communion. » (1)

Deux hypothèses sont prévues par ce canon :

Ou bien un laïc, engagé dans les liens du mariage avec une femme, lui remet un acte de divorce, et en prend une autre ; ou bien, un laïc, non marié, prend une femme qui, après avoir été mariée, a reçu le libelle du divorce : dans un cas comme dans l'autre, le laïc doit être frappé d'une peine.

La seconde, porte que celui qui a épousé

---

(1) « Si quis laïci laïcus uxorem propriam pellens,—alteram,—vel ab alio dimissam, duxerit, communione privetur. (Canon 48. Trad. de Denys le Petit.)

une femme *répudiée*, ou prostituée, ou esclave, ou comédienne, ne peut-être ni évêque, ni prêtre, ni diacre, ni appartenir, en aucune manière, à l'ordre sacerdotal. C'est l'application spéciale aux membres du clergé du principe général imposé à tous les laïcs, en y ajoutant encore quelques restrictions. (1)

Il est donc certain que saint Mathieu, saint Marc, saint Luc et saint Paul, les évangélistes, les apôtres, tous ceux qui ont recueilli les paroles de Jésus-Christ de sa propre bouche ou de la bouche de ceux qui avaient vécu avec ses disciples, ont compris qu'il avait aboli le divorce, ou ce qui est la même chose, qu'il avait proclamé *l'indissolubilité du mariage*, de la manière la plus absolue et sans aucune exception, durant toute la vie des deux époux.

Toute la doctrine de Jésus-Christ sur l'abolition du divorce est donc d'une clarté, d'une harmonie, et d'une précision qui semblent défier toutes les subtilités de la controverse.

Mais les hommes sont si facilement aveuglés par leurs intérêts, par leurs passions et par les préjugés des temps où ils vivent, qu'il leur est quelquefois impossible de comprendre les vérités les plus claires, et, dans les

---

(1) Canon. 16.

premiers siècles du christianisme, il est arrivé que des hommes de bonne foi ne se sont pas rendus un compte exact de la pensée de Jésus-Christ.

Nous devons faire connaître les controverses qui ont eu lieu.

CHAPITRE III.

Controverses sur saint Mathieu.

L'attention publique se porta naturellement, en Orient, sur l'évangile de saint Mathieu, qui était, — comme on vient de le dire, — le premier évangile authentique publié par un apôtre, et qui, écrit en langue hébraïque, devait être, par cela même, beaucoup plus répandu, dans ces contrées, que les autres évangiles et les épitres de saint Paul, primitivement écrits dans les langues étrangères.

En s'attachant ainsi de préférence à cet évangile, la première impression, dans l'Orient, fut que si Jésus-Christ avait déclaré le mariage indissoluble, en règle générale, il avait fait exception à cette règle, *pour le cas d'adultère,* et que, par suite, l'époux innocent qui obtenait le divorce *pour cause d'adultère,*

et même l'époux coupable, pourraient se remarier avec d'autres.

Comment raisonnait-on, pour interpréter
la loi de Jésus-Christ de cette manière?

On disait :

D'après saint Mathieu, Jésus-Christ a déclaré que celui qui renvoyait sa femme,
« *excepté pour cause d'adultère,* » la faisait
devenir adultère : donc, celui qui renvoie sa
femme, *pour cause d'adultère,* n'est pas compris dans la loi qui interdit le divorce ; donc
Jésus-Christ n'a fait que confirmer, en la pré-
cisant, la loi de Moyse qui permettait aux
maris de renvoyer leurs femmes, *pour quelque chose de honteux* : Il a seulement voulu
faire comprendre que, par ces mots, Moyse
n'avait entendu autoriser le divorce que pour
la seule cause d'adultère. (1)

Ce raisonnement s'accordait avec l'opinion
d'un grand nombre de Juifs, parce qu'il se
rapprochait de l'interprétation donnée par
Samaïas. Il présentait, d'ailleurs, un moyen de
conciliation avec ceux qui croyaient que l'application rigoureuse de la loi sur l'abolition
du divorce était impossible ; enfin, il acquit

____

(1) Forsitan audax aliquis, et Judaïcus vir, adver-
sans doctrinæ Salvatoris nostri, dicet : Jésus permittit
uxorem dimittere, sicut Moyses, etc. (Origèn. in Math.
XIV. 24.)

une telle autorité, qu'il fut adopté par presque toutes les églises d'Orient.

Il est encore admis, aujourd'hui, par quelques sectes chrétiennes qui existent dans l'Occident, et, notamment, par *les luthériens.*

Si nous n'avions pas, entre les mains, les documents de l'histoire ancienne et contemporaine qui établissent que ce raisonnement a été fait, nous ne pourrions pas y croire : rien, en effet, n'est plus faux, plus contraire au bon sens, plus opposé aux textes de saint Mathieu lui-même, et l'erreur est tellement manifeste, qu'on se demande, en y réfléchissant, si ceux qui l'ont commise, n'avaient pas envie de se tromper.

Nous disons, d'abord, que rien n'est plus contraire au bon sens.

Est-il possible d'admettre, raisonnablement, que Jésus-Christ, qui avait aboli le divorce, dans le cas de maladie incurable, de stérilité, de démence, de meurtre, d'empoisonnement, d'assassinat, et, en un mot, dans tous les autres cas les plus graves, aurait autorisé le divorce, dans le cas d'adultère, ou, ce qui est la même chose, aurait déclaré que le mariage serait dissous par l'adultère ?

Mais, autoriser le divorce *dans le cas d'adultère,* ne serait-ce pas, en quelque sorte, encourager l'*adultère* pour arriver au divorce?

N'y aurait-il pas des femmes qui seraient tentées de s'abandonner à une liaison criminelle, plutôt que de rester enchaînées dans les liens d'une union malheureuse? n'y aurait-il pas des maris qui seraient tentés de se rendre coupables eux-mêmes d'adultère, plutôt que de s'assujettir à l'indissolubilité d'un mariage avec une femme qu'ils n'aimeraient pas?

Un système de législation, si défectueux, ne saurait se concilier avec la sagesse de Jésus-Christ.

Dira-t-on que, chez les Juifs, l'adultère de la femme était puni de mort, et que Jésus-Christ n'avait pas à redouter que les femmes se livrassent à l'adultère pour obtenir le divorce, puisque la preuve de l'adultère aurait entraîné contre elles la peine capitale?

Mais il ne faut pas oublier que, contrairement à la loi de Moyse, Jésus-Christ pardonnait à la femme adultère, et que son système de législation, devant s'appliquer à tous les peuples, et subsister, sans changements, jusque dans les siècles les plus reculés, ne reconnaît d'autres pénalités que des pénalités spirituelles.

Cet argument tiré de la loi de Moyse n'a donc aucune valeur.

Nous disons, en second lieu, que ce raison-

nement est contraire aux textes de *saint Ma-*
thieu lui-même.

Reprenons ces textes, et nous allons voir
qu'ils ne présentent pas le sens qu'on veut
leur donner.

Après avoir dit, *dans le sermon sur la mon-*
tagne, que celui qui renvoyait sa femme, excepté pour cause de fornication, la faisait
tomber dans l'adultère, *saint Mathieu* ajoutait ces mots : « *et celui qui épouse une femme*
renvoyée commet un adultère. »

Méditons ces dernières paroles.

Supposons qu'une femme qui s'est rendue
coupable d'adultère, et s'est fait répudier par
son mari, veut se marier : Devrons-nous dire,
d'après ces dernières paroles, que l'homme
qui l'épousera du vivant de son prenier mari,
commettra lui-même l'adultère ?

Assurément, puisque saint Mathieu dit que
celui qui épouse une femme *renvoyée,* commet l'adultère, *sans distinguer pour quelle*
cause elle a été renvoyée : donc le premier mariage de cette femme *adultère* subsiste encore
après sa répudiation ; car, s'il ne subsistait pas
après la répudiation, l'homme qui l'épouserait
ne commettrait pas d'adultère ; donc le divorce, *même pour cause d'adultère,* ne dissout
pas le mariage.

Ainsi, en n'interrogeant encore que ce premier texte de saint Mathieu, il n'est pas possible de soutenir l'opinion des Orientaux et des luthériens, sans mettre le dernier membre de la phrase en contradiction avec le premier : il doit paraître clair, en effet, que, si un homme ne peut pas épouser une femme renvoyée *pour adultère*, le mari qui renvoie sa femme *pour adultère*, ne peut pas lui-même dissoudre le mariage.

Mais pour savoir exactement ce que saint Mathieu a voulu dire, il ne faut pas interroger seulement le texte du sermon sur la montagne, il faut encore se rappeler le texte de la réponse de Jésus-Christ aux Pharisiens, et qu'il a rapporté dans un des chapitres suivants.

Ce texte est tellement décisif que nous devons le remettre sous les yeux :

« Je vous dis que quiconque renvoie sa femme, si ce n'est en cas de fornication, et *en épouse une autre*, commet un adultère, et que celui qui épouse celle qu'un autre a renvoyée commet aussi un adultère. (1)

Il y a dans la première partie de ce texte, deux hypothèses bien distinctes :

Dans la première hypothèse, il s'agit d'un mari qui *renvoie* sa femme pour cause d'adul-

---

(1) Saint Mathieu XIX. 3.

tère : la conclusion qu'il faut en tirer, c'est qu'il est permis de renvoyer sa femme pour cause d'adultère. Dans la seconde hypothèse, il s'agit d'un mari qui, après avoir renvoyé sa femme, pour cause d'adultère, *en épouse une autre*, et qui, par ce fait, commet lui-même un adultère : la conclusion qu'il faut en tirer, c'est donc que s'il est permis de renvoyer sa femme pour cause d'adultère, il n'est pas permis, — *même dans ce cas*, — d'en épouser une autre.

Ainsi, ce second texte de saint Mathieu explique le sens du premier.

L'idée de l'indissolubilité du mariage ressort tellement de l'évangile de saint Mathieu que, plus loin, il a soin d'ajouter encore que lorsque les apôtres entendirent la réponse de Jésus-Christ, ils manifestèrent le plus vif étonnement. Saint Mathieu, qui était lui-même un des apôtres, aurait-il exprimé cet étonnement, si Jésus-Christ n'avait fait que confirmer la loi de Moyse, en promettant le divorce pour cause d'adultère ?

Tout s'accorde donc à démontrer que le raisonnement des Orientaux et des luthériens est aussi contraire aux différents textes de saint Mathieu lui-même qu'au bon sens.

Mais, jusqu'à présent, nous n'avons pas encore parlé ni des évangiles de saint Marc et de saint Luc , ni des épîtres de saint Paul et des canons des apôtres : en rapprochant ces textes de ceux de saint Mathieu , était-il possible de ne pas apercevoir que l'exception qu'ils cherchaient à introduire ne reposait sur aucun fondement?

Non !

Il faudrait, vraiment, se désespérer de voir qu'une pareille erreur, si facile à reconnaître, a pu s'établir, se propager, et se maintenir, durant des siècles, si la masse des hommes pouvait appliquer à la culture de l'esprit une partie du temps qu'elle est obligée de consacrer à ses intérêts matériels : mais quand la science n'est que le privilége du petit nombre, les erreurs de quelques - uns peuvent s'imposer longtemps à tous.

Il faut le dire, à l'honneur de l'Eglise latine , les pères et les conciles rivalisèrent d'efforts pour proscrire cette fausse interprétation.

Parmi les Pères, nous citerons seulement saint Ambroise , qui , se plaçant au point de vue des lois payennes , raisonnait ainsi :

« Ne renvoyez pas votre femme, disait-il, de peur de désavouer Dieu , qui est l'auteur de votre union. En effet , si vous devez tolérer et amender les défauts des autres, combien plus ne devez-vous pas supporter les défauts de votre femme ? Celui qui renvoie sa femme la fait tomber dans l'adultère, car celle qui ne peut contracter un autre mariage, du vivant de son mari, peut sentir se glisser en elle le désir de pécher. Vous donc qui croyez à tort qu'on peut la renvoyer, vous êtes coupable de sa faute. Où la renverrez-vous, avec ses petits enfants, si elle est féconde? où conduirez-vous ses pas chancelants, si elle est déjà appesantie par les années ? Vous serez bien dur, si vous chassez la mère et gardez les enfants, de manière à ajouter à son humiliation le déchirement de ses entrailles. Vous serez bien dur, si, à cause de la mère, vous chassez aussi les enfants, lorsque ces enfants devraient plutôt racheter, auprès de leur père, la faute de leur mère. Qu'il est périlleux d'exposer aux séductions l'âge fragile d'une adolescente ! qu'il est barbare de délaisser la vieillesse de celle dont vous avez *défloré* la jeunesse! Vous renvoyez votre femme selon les lois, mais vous ne la renvoyez *pas sans crime.* Vous pensez que cela vous est permis, parce que la loi humaine ne vous le défend pas, mais la loi divine vous l'interdit. Vous qui obéissez aux hommes, craignez Dieu. Ecoutez plutôt la loi du Seigneur, auquel obéissent ceux qui font les lois : « que l'homme ne sépare pas ce que Dieu a réuni. » Ce n'est pas seulement le précepte divin, c'est en quelque sorte l'œuvre de Dieu qui est détruite. Souffrirez-vous, je vous le demande, que vos enfants, durant votre vie, soient sous la dépendance d'un beau-père, ou que, du vivant de leur mère, ils soient sous la dépendance d'une belle-mère? Supposez, qu'après avoir été répudiée, elle ne se marie pas, ne doit-il pas vous être pénible, à vous qui êtes son mari, qu'elle vous garde sa foi? Supposez qu'elle se marie, c'est votre crime qui l'a poussée à cette nécessité, et ce que vous pensez être un mariage, n'est qu'un adultère. Qu'importe, en effet, que ce soit ouvertement, et en confessant son crime, ou que ce soit sous l'apparence d'un mari, que vous reconnaissez l'adultère : si ce n'est qu'il est encore plus grave d'avoir fait la loi du crime, que le vol à la foi conjugale. Mais peut-être, dira quelqu'un : comment Moyse a-t-il ordonné de donner le libelle du divorce, et de renvoyer sa femme? celui qui dit cela est un Juif; celui qui dit cela n'est pas un chrétien. Et, puisqu'il fait cette objection, ce qui est une objection contre le Seigneur, que ce soit le Seigneur lui-même qui réponde : « *c'est à cause de la dureté de votre cœur, dit-il, que Moyse a permis de remettre le libelle du divorce et de renvoyer vos femmes : mais il n'en fut*

pas ainsi au commencement » *Moyse a permis*,
dit-il, *Dieu* n'a pas *ordonné*. La loi de Dieu
date du commencement ; quelle est la loi de
Dieu ? « *l'homme laissera son père et sa mère,
et sera lié à sa femme, et ils seront deux dans
une même chair.* » Donc celui qui renvoie
sa femme scinde sa chair, et divise son
corps ! (1) »

Parmi les conciles, nous nous bornerons à
citer le concile général de Trente, qui ne fit,
du reste, que résumer sur ce point, la doctrine des conciles précédents. Dans la 24ᵉ
session, le concile prononça les canons suivants :

« Si quelqu'un dit qu'à cause de l'hérésie, ou
d'une cohabitation insupportable, ou à cause
de l'absence affectée d'un des époux, le lien
du mariage peut être brisé, qu'il soit
anathème.

» Si quelqu'un dit que l'Eglise erre quand
elle a enseigné ou enseigne, selon la doctrine
de l'Evangile et des apôtres, que le mariage ne
peut être dissous par l'adultère de l'une ou
l'autre des parties, et que l'une ou l'autre
des parties, même celle qui est innocente,

---

(1) Ergo qui dimittit uxorem carnem suam scindit,
dividit corpus. (St. Ambr. expos.)—Evang. sec. Luc. liv.
8. 55. 4. 5. 6. 7. — Voy. St. Clém. d'Alex. — Strom.
liv. 2, § 23.—Hermas, liv. 2. 4. nº 1.—Athénaq. legat.
pro Christ. nº 33.—St. Hilaire, in math. ch. 5. nº 22.

est obligée de demeurer dans le célibat, durant la vie de l'autre partie, et que celui ou celle qui se marie après le divorce commet un adultère, qu'il soit anathème (1). »

Il reste donc invinciblement démontré que Jésus-Christ a proclamé l'abolition du divorce, *même en cas d'adultère*, et déclaré que le mariage était, dans tous les cas, indissoluble jusqu'à la mort : pour ceux qui prétendent que le christianisme n'a rien inventé, et n'a fait que composer un corps de doctrine avec des principes déjà connus, hâtons-nous d'ajouter qu'aucun être humain n'avait encore compris le mariage de cette manière.

Oui, l'idée de l'abolition du divorce, ou de l'indissolubilité absolue du mariage, *pour tous les hommes*, est une idée qui n'a pas de précédents dans l'histoire de l'humanité, et nous pouvons mettre les adversaires du christianisme au défi de soutenir qu'elle a été répandue, pour la première fois, dans le monde, par un autre que Jésus-Christ.

____

(1) Concile d'Arles . (en 314), de Molève, (en 416), d'Angers, (en 453. 6ᵉ Canon), d'Orléans, (en 533 V.) Voir égalt. les épîtres décrétales de Sirice, Innocent, Léon, Étienne et Zacharie. — Gratien, 32. 9. 7. ch. 18.

CHAPITRE IV.

Textes sur l'abolition de la polygamie simultanée et successive.

Jamais, — on peut l'affirmer, — l'art de dire beaucoup de choses en peu de mots n'a été poussé plus loin que dans la Bible : ceux qui ont médité l'ancien et le nouveau Testament ont pu se convaincre souvent de cette vérité, mais nous allons en fournir, ici, une preuve saisissante, en montrant que les textes sur l'abolition du divorce contiennent implicitement l'abolition de la polygamie *simultanée*, et même, dans une certaine mesure, l'abolition de la polygamie *successive*.

Et, d'abord, quand Jésus-Christ rappelait ce qui avait eu lieu *au commencement*, et reproduisait ces paroles de la Genèse, « c'est pour cela que l'homme s'attachera à sa femme, et qu'ils seront deux dans une seule chair, » il faisait bien comprendre que l'union d'Adam et d'Eve, c'est-à-dire *d'un seul homme et d'une seule femme,* devait être le type du mariage pour tous les peuples : et, par conséquent, il disait implicitement que l'union d'un homme marié, en même temps, à plusieurs femmes, ou d'une femme mariée en même temps à plusieurs hommes, était contraire à l'intention du Créateur.

Avec de pareilles unions, en effet, que deviendrait cette règle : *Ils seront deux dans une seule chair ?* on ne pourrait plus dire qu'ils seront *deux* dans une seule chair, puisqu'ils seraient *plusieurs,* et l'on arriverait ainsi, non plus à l'unité, mais à la promiscuité de chair.

Ainsi, pour tous ceux qui réfléchissaient un instant aux paroles prononcées par Jésus-Christ, il devenait déjà clair que, tout en répondant spécialement à la question sur le divorce, il donnait, en même temps, de l'institution du mariage une explication qui ne se conciliait plus avec la polygamie et la polyandrie, ou la pluralité simultanée des époux ou des épouses, dans le mariage chrétien.

C'est ainsi, que tout le monde l'avait

compris et devait nécessairement le comprendre (1).

Mais c'est surtout, dans les autres textes déjà cités, qu'apparaît visiblement l'abolition de la polygamie sous toutes les formes.

Reprenons l'un de ces textes, afin de raisonner plus clairement : « quiconque renvoie sa femme, — dit saint Luc, — et en épouse une autre, commet l'adultère, et quiconque épouse celle que son mari a renvoyée, commet l'adultère. » (2)

Si un mari, qui renvoie sa femme, et en épouse une autre, du vivant de la première, commet l'adultère avec cette seconde femme qu'il a, cependant, *épousée*, à bien plus forte raison commet-il encore l'adultère avec cette seconde femme s'il n'a pas renvoyé la première, de manière qu'il aurait la première et la seconde en même temps.

Ce raisonnement est de toute évidence.

Mais si, après avoir commis l'adultère, en épousant cette seconde femme, sans renvoyer la première, il en épousait une troisième ou

---

(1) A l'égard de la polygamie , ... il est indubitable que, *depuis la promulgation de l'Evangile*, elle est défendue. — Jesus-Christ, *par la loi Evangélique*, a rappelé le mariage à son institution primitive : Il a voulu que l'homme et la femme fussent : *duo in carne unâ*. (Pothier, contrat de Mar. Part. 3. ch. 2. art. 4).

(2) Saint Luc XVI. 18.

une quatrième, sans renvoyer les précéden-
tes, à plus forte raison encore, — n'est-il pas
vrai ? — commettrait-il des adultères?

Et pourquoi commettrait-il des adultères ?

Parce que toutes les femmes qu'il aurait
ainsi épousées seraient considérées comme
n'étant pas régulièrement mariées, ou que,
dans d'autres termes, leur mariage ne serait pas
valable. En effet, si elles étaient régulièrement mariées, celui qui les aurait ainsi épousées ne commettrait pas avec elles des adultères.

Mais si tous ces mariages, postérieurs au
premier, ne sont pas valables, par cela seul
que la première femme vit encore, au moment où ils sont célébrés, qu'en résulte-t-il ?
C'est qu'il est impossible, dans le droit chrétien, qu'un mari puisse avoir plusieurs femmes
en mariage *simultanément*.

Il importe de faire remarquer que Jésus-Christ
ne fait aucune distinction entre une femme
légitime et une femme de second rang ou une
concubine, car il se borne à dire « quiconque
après avoir renvoyé sa femme, en prend *une
autre* » c'est-à-dire une femme à quelque
titre que ce soit. Il serait d'ailleurs absurde de
prétendre que si le mari commettait un adultère, même avec sa seconde femme légitime,
il ne commettrait pas l'adultère avec une

femme qui ne serait que sa concubine, où qu'il
n'aurait pas même épousée.

Donc, il est incontestable que la formule sur
l'abolition du divorce, contient implicitement, mais très-clairement l'abolition de la
polygamie simultanée.

Le même raisonnement s'applique à la
femme qui épouserait plusieurs maris en
même temps, et l'on arrive ainsi à conclure
que la formule sur l'abolition du divorce contient également l'abolition de la polyandrie
simultanée.

Maintenant, nous allons voir que cette
même formule contient encore implicitement
— au moins, dans une certaine mesure, —
l'abolition de la polygamie et de la polyandrie *successives*.

En effet, si un époux ne peut jamais se remarier légalement, du vivant de l'autre époux,
soit qu'il y ait eu ou qu'il n'y ait pas eu de divorce, — en d'autres termes, si un époux
doit attendre la mort de l'autre époux pour
se remarier, combien de fois peut-il arriver
qu'un époux puisse ainsi se remarier?

Trois ou quatre fois peut-être, dans le cours
de son existence, en admettant que les décès
qui entraînent la dissolution de ses premiers
mariages arrivent à un âge et dans des conditions telles qu'il puisse encore désirer de

nouvelles unions, et trouve à les contracter.

Ainsi, tandis que, par le droit illimité du divorce, sous le paganisme, on pouvait épouser *successivement* un grand nombre de femmes, par l'abolition du divorce, comme l'entendait Jésus - Christ, on détruisait non seulement tous.les abus, sans exception, de la polygamie simultanée, ou du mariage légitime et du concubinat, mais on détruisait encore, sinon tous, au moins *les plus grands abus* de la polygamie successive.

Circonscrite dans ces étroites limites, la polygamie successive ne présente déjà plus, — au point de vue de la moralité publique et de l'intérêt des enfants, — les inconvénients multiples qu'elle devait entraîner, sous le droit payen : — mais le nouveau Testament ne s'est-il pas expliqué, d'une manière plus explicite, sur cette espèce de polygamie ainsi restreinte ? n'a-t-il rien dit sur les secondes, les troisièmes et les quatrièmes noces ?

Consultons d'abord les textes.

Dans sa première épître à Thimothée, saint Paul, en parlant des conditions d'aptitude qui doivent être exigées des chrétiens, pour arriver à l'épiscopat, s'exprime en ces termes : « Il faut que l'évêque soit irrépréhensible, *mari d'une seule femme*, sobre, prudent, grave, pudique, hospitalier, capable d'enseigner (1). »

Dans son épître à Tite, il lui recommande d'établir des prêtres dans chaque ville, conformément aux ordres qu'il lui a donnés , et il ajoute : « S'il se trouve quelqu'un qui soit irrépréhensible, *mari d'une seule femme*, ayant des enfants fidèles , non accusés de lucre, ni désobéissants (2). »

Enfin, dans la même épître, saint Paul, en parlant des diacres, a bien soin d'ajouter : « qu'on prenne pour diacres, *les maris d'une seule femme*, qui gouvernent bien leurs enfants, et leur propre famille (3). »

Il importe, d'abord, de bien nous fixer sur le sens de ces textes.

Qu'est-ce que saint Paul a voulu dire en recommandant de prendre pour évêques, prêtres ou diacres, les maris *d'une seule femme*?

Il a, d'abord, voulu dire que si l'on ne choisissait pas les évêques, les prêtres et les diacres, parmi les *célibataires*, plus dégagés des préoccupations du monde que les hommes mariés, il fallait, au moins, les choisir parmi les chrétiens qui n'étaient pas

---

(1) Oportet ergo episcopum irreprehensibilem esse, *unius uxoris virum*... (1. Tim. 3. 2).

(2) Si quis sine crimine est , *unius uxoris vir*, filios habens fideles... (tit. 1. 5. 6).

(3) Diaconi sint *unius uxoris mariti*. (1. Tim. 3. 12.)

mariés à plusieurs femmes, *en même temps.*
Cette interprétation est l'évidence même, et
elle est admise par tous les commentateurs
sans exception (1).

Mais n'a-t-il pas voulu dire encore autre
chose ?

Supposons qu'un homme ait été marié *successivement* deux fois ? serait-il possible d'appliquer à cet homme les mots de : *mari d'une
seule femme?*

Non, évidemment ! — puisque, dans la
réalité, il aurait été le mari *de deux femmes.*
Il semble donc bien certain que saint Paul,
en employant ces expressions, a voulu qu'on
interdît l'épiscopat, la prêtrise et le diaconat
aux hommes qui auraient épousé deux femmes
successivement.

Cette conclusion se justifie, en effet, par
deux autres textes, et par la pratique constante de l'Eglise.

D'abord, en parlant des veuves, entretenues
aux frais de l'Eglise pour le service des malades et des pauvres, saint Paul ajoute : « que
celle qui sera mise au rang des veuves, ait au
moins soixante ans, *et qu'elle ait été femme
d'un seul mari.* (2)

---

(1) Episcopus *simul* non habeat multas uxores (Corn.
a Lap. 1. ad Timoth. 3.—Dom Calmet).

(2 Quæ fuerit *unius mariti uxor.* (1. Tim. V. 9.)

Il s'agit bien, ici, des veuves qui n'ont pas contracté deux mariages *successivement*, *car* l'existence des veuves qui avaient deux maris *simultanément*, était une exception trop rare pour que saint Paul eût la pensée d'y faire allusion (1).

Mais si, pour être admise au nombre des veuves, il fallait n'avoir contracté qu'un seul mariage, à plus forte raison, pour être admis au nombre des membres du clergé, fallait-il présenter les mêmes garanties de sagesse et de modération. Donc les mots : *maris d'une seule femme* doivent s'entendre comme ces mots : *femmes d'un seul mari*, et s'appliquer à des personnes qui ne sont mariées *qu'une fois*.

Après le texte de saint Paul, relatif aux veuves, nous pouvons encore citer *les canons des apôtres* qui confirment cette interprétation, le canon XVI, dont l'authenticité a toujours été reconnue, est ainsi conçu : « Celui qui a été impliqué dans deux mariages, ou a eu une concubine, après le baptême, ne peut être évêque, ou prêtre, ou diacre, ou faire partie

---

(1) Ibi intelligit unius viri uxorem, quæ post mortem mariti, secundas non iniit nuptias : nunquam enim visum fuit unam uxorem duos simul habere maritos, ut ad hoc cavendum dixerit apostolus eligendam esse *unius viri uxorem*. (Corn. a Lap. 1. ad Tim. 3. 2.)

à quelque titre que ce soit, de l'ordre sacerdotal (1). »

Il s'agit bien dans ces canons, d'un homme qui a eu, *en même temps*, une femme légitime et une femme de second rang, *ou* qui a contracté deux mariages *successifs*, car l'alternative est bien indiquée ; et, dans l'une et l'autre hypothèse, cet homme est exclu du sacerdoce.

Enfin, la conclusion que saint Paul, en parlant des maris d'une seule femme, — a bien sûrement voulu parler des maris qui ne sont mariés qu'une fois, résulte encore de *la pratique* constante et ininterrompue de l'Eglise, depuis les siècles les plus reculés.

Tous les auteurs attestent, en effet, que l'Eglise a toujours refusé l'ordination aux bigames qui avaient eu, non-seulement deux femmes à la fois, mais encore deux femmes *successivement*, après leur baptême, ou leur conversion au christianisme. Quelques-uns même ne voulaient admettre dans l'ordre sacerdotal que les hommes qui ne s'étaient mariés qu'une seule fois, même *avant* leur conversion au christianisme, ou leur baptême (2).

______

(1) Qui duobus conjugiis implicatus fuerit, post baptisma, vel *pellicem* habuerit... (Gentianus, Denys-le-Petit, Haloander, etc.)

(2) Usus *antiquissimus* habet ecclesiæ, ut non ordi-

Voilà donc un grand point définitivement acquis, dans notre discussion : c'est que les rangs du clergé sont à jamais fermés à ceux qui se sont mariés plus d'une fois, et que les veuves même, qui ont eu deux maris, ne peuvent être admises, par l'Eglise, à titre de servantes des malades et des pauvres.

Mais les secondes noces sont-elles interdites à tous les autres chrétiens, comme à ceux que nous venons d'indiquer ? Faut-il dire que toute espèce de polygamie *successive* est absolument prohibée par la loi chrétienne?

Saint Paul s'est expliqué deux fois sur cette question.

Une première fois, il a dit : « Une femme est liée à la loi, tant que son mari vit : que si son mari meurt, elle devient libre ; *qu'elle se marie à qui elle veut*, pourvu que ce soit dans le Seigneur (1). »

Si, après la mort de son mari, elle peut se marier à qui elle veut, *les secondes noces ne sont donc pas interdites, en principe* : la seule condition que saint Paul met à ce second mariage, c'est qu'il soit contracté suivant les lois de l'Evangile.

---

nentur digami, qui ducunt uxores *successivé* sed monogami, qui unam tantum habuerunt : est que communis patrum expositio. (Corn. a Lap. Loc. cit.)

(1) *Cui vult nubat,* tantum in Domino (1. Cor. VII. 39).

Après avoir posé ce principe, saint Paul ajoute aussitôt : « elle sera plus heureuse, si elle demeure veuve, suivant mon conseil, et je crois que j'ai aussi l'esprit de Dieu (1). »

Si saint Paul conseille formellement aux veuves de ne pas se remarier, en disant que le conseil qu'il leur donne lui paraît conforme à la volonté divine : les secondes noces quoique permises, sont donc vues avec défaveur.

Telles sont les premières conséquences qui résultent de ces paroles de saint Paul : mais il est encore plus explicite dans le second texte que nous allons citer :

« N'admettez point, dit-il à Timothée, n'admettez point au nombre des veuves celles qui sont jeunes, car après avoir mené une vie molle dans le service de Jésus-Christ, elles veulent se remarier. *Elles sont dignes de condamnation, car elles ont rendu vaine leur première foi;* mais, de plus, elles deviennent oisives, et apprennent à courir par les maisons : non seulement oisives, mais verbeuses et curieuses, et disant ce qu'il ne faut pas dire. Je veux donc que ces jeunes veuves se marient, procréent des enfants, deviennent

---

(1) Secundum meum consilium. (V. 40.)

mères de famille, et ne donnent occasion à nos adversaires de nous faire des reproches (1). »

Ici, non seulement saint Paul permet aux veuves de se remarier, mais il leur commande de le faire, lorsqu'elles sont frivoles, mondaines, incapables d'une piété solide, et qu'elles sont exposées à des chûtes ou à des entraînements coupables ; toutefois, il ne dissimule pas que, même lorsqu'elles ont la jeunesse pour excuse, elles font, en se remariant, « une chose digne de condamnation, parce qu'elles ont rendu vaine leur première foi. »

Il n'y a pas à dire : non ! — C'est le texte.

Que résulte-t-il de ces paroles ?

C'est que le mariage unique, rigoureusement obligatoire pour ceux qui veulent entrer dans l'ordre sacerdotal, ne l'est pas, au même degré, pour les chrétiens qui ne sont pas appelés à une vie aussi parfaite, et qu'en ce qui concerne, notamment, *les secondes noces*, elles sont une concession accordée à la faiblesse humaine, pour éviter de plus grands maux.

---

(1) Habentes damnationem, quia primam fidem irritam fecerunt. (1. Timoth. V. II et suiv.)

Mais ces questions sont trop délicates et trop importantes, pour ne pas être éclaircies par d'autres autorités : c'est aux Pères de l'Eglise des premiers siècles que nous allons, maintenant, nous adresser, pour achever cette démonstration.

CHAPITRE V.

Opinion des Pères de l'Eglise des premiers siècles sur la monogamie, et coutumes des premiers chrétiens.

Vers le milieu du deuxième siècle de l'ère chrétienne, entre l'année 168 ou 179, parut un ouvrage, écrit dans la langue Grecque, et intitulé : *Apologie des Chrétiens*. Il avait pour dédicace, ces mots : « Aux Empereurs M.-Aurèle Antonin, et L. - Aurèle Commode, vainqueurs des Arméniens et des Sarmates, et ce qui est plus grand encore, philosophes. »

L'autenr de cet ouvrage s'appelait Athénagore.

Philosophe lui-même, Athénien de naissance, ayant habité tour à tour Athènes et Alexandrie, en relations avec les églises de la Grèce et de l'Egypte, un siècle à peine après la mort de saint Pierre et de saint Paul, Athénagore est un écrivain d'autant plus utile à consulter qu'il n'exprime pas seulement son opinion personnelle sur le sens des textes sacrés, mais qu'il raconte encore les mœurs des premiers chrétiens formés par les apôtres, et leurs successeurs immédiats.

Après avoir dit qu'on trouvait parmi les chrétiens, un grand nombre d'hommes et de femmes qui vieillissaient dans le célibat pour rester plus étroitement unis à Dieu, il s'exprimait en ces termes : « Si donc nous pensons que la virginité et l'état du célibat nous rapprochent davantage de Dieu, et que la volupté et la pensée même du mal nous en éloignent, à combien plus forte raison ne devons-nous pas détester des actions dont l'idée seule nous fait horreur. Car la vie des chrétiens ne se renferme pas dans de simples méditations de la parole divine, elle se manifeste par la pratique et par l'exemple. *Chacun reste tel qu'il est né*, c'est-à-dire ne se marie point, *ou ne se marie qu'une fois*. A nos yeux, les secondes noces ne sont qu'un honnête adultère.... Quiconque, dit Notre Seigneur, renvoie sa femme et en épouse une autre, est adultère, montrant par là qu'il n'est pas permis de renvoyer celle qui nous a donné sa virginité, pour en épouser une autre... Celui

qui abandonne sa première femme, et se marie, *même après la mort de celle-ci*, au fond,
n'est pas exempt du crime d'adultère, soit
parce qu'il va contre l'intention de Dieu, **qui**
créa dès le commencement un seul homme
et une seule femme, soit parce qu'il rompt
l'alliance de la chair avec la chair, alliance
devenue indissoluble par le fait d'une première
union : Voilà notre vie et nos principes ! (1). »

Ce passage prouve d'une manière indubitable, qu'à cette époque, — en Grèce et en
Egypte, — c'est-à-dire dans deux des plus
grands foyers de la civilisation chrétienne,
on enseignait que les chrétiens devaient, *en
principe*, ou garder le célibat, ou ne se marier
qu'une fois ; qu'il y avait, sans doute, des
chrétiens qui se mariaient deux fois, et que,
par conséquent, les secondes noces n'étaient
pas absolument interdites, mais que ceux **qui**
se mariaient ainsi étaient frappés d'une certaine défaveur : il justifie cette doctrine par
cette double raison, que celui qui se remarie,
même après la mort de son conjoint, **va**
contre l'intention de Dieu, et rompt *l'unité de
chair*. Enfin, ce qui est plus grave encore, il
établit que, *dans la pratique*, les chrétiens se conformaient à cette doctrine.

____

(1) Quisque vel qualis natus est, vel *unicis* in nuptiis... (Athén. Apolog. § 33. Trad. de M. de Genonde.

A moins de dire qu'Athénagore était un ignorant, ou un historien mal renseigné, il n'est plus possible de nier que la monogamie, c'est-à-dire la substitution du mariage unique à la *polygamie successive*, ne fût la règle générale de tous les chrétiens.

A la fin du deuxième, ou au commencement du troisième siècle de l'ère chrétienne, parurent les traités *de la pudicité et de la monogamie de Tertullien* : dans ces traités, le grand avocat de Carthage, qui s'était converti au christianisme, comme Athénagore, allait jusqu'à soutenir, avec les Montanistes, que les secondes noces étaient absolument interdites.

« Chez nous, dit-il, dans le traité *de la pudicité*, nous ne permettons pas de passer, après avoir embrassé la foi, à de secondes noces, qui, à nos yeux, ne diffèrent de la fornication et de l'adultère que par le contrat et la dot (1). »

Dans son traité de la *monogamie*, il s'efforçait de concilier cette opinion avec les textes de saint Paul : il prétendait qu'en permettant aux veuves de se remarier, après la mort de leurs maris, l'apôtre n'avait voulu parler que des veuves devenues libres, *avant*

---

(1) De la Pud. n° 1.

leur conversion au christianisme, par le motif que, la vie du chrétien ne commençant qu'à partir de sa conversion, le premier mari ne devait pas être compté ; en admettant même que saint Paul eût permis un second mariage à ceux qui étaient devenus veufs, *depuis leur conversion*, il soutenait qu'il ne s'était écarté de la règle que temporairement, pour se plier aux circonstances, et comme il avait fait en circoncisant Timothée, etc.

Tous ces arguments étaient, sans doute, très-ingénieux, mais ils ont été repoussés, et ils devaient l'être, parce qu'ils sont contraires aux textes de saint Paul : Tertullien pouvait bien soutenir que Jésus-Christ, en rappelant ce qui avait eu lieu *au commencement*, avait voulu donner le mariage d'Adam et d'Eve pour type de tous les mariages, et que la meilleure manière de pratiquer le christianisme, c'est de faire ce que Jésus-Christ avait dit, mais il n'avait pas le droit de corriger l'œuvre de ses apôtres, sous le prétexte qu'ils n'étaient pas assez chrétiens.

Nous venons de voir comment on avait compris la loi chrétienne dans la Grèce, dans l'Egypte et dans l'Afrique, voyons comment on l'entendait à Rome même, auprès du siége de St. Pierre et de St. Paul, dans la métropole même du christianisme.

Nous allons trouver, ici, un témoin qui doit nous inspirer une grande confiance : il vivait à Rome ; il était chrétien ; et, de plus, il était aussi versé dans les matières du droit Romain et de l'histoire, que sincèrement attaché à la foi nouvelle qu'il avait embrassée.

Ce témoin est Minutius Félix.

Voici ce qu'il dit dans son dialogue intitulé *Octave* :

« Nous demeurons volontiers dans les liens du mariage, mais nous n'en contractons *qu'un seul*, comme nous ne connaissons *qu'une seule femme*, dans l'unique désir d'avoir des enfants, autrement nous n'en connaissons aucune (1). »

Ce témoignage est aussi décisif que possible, et il est conforme à celui d'Athénagore et de Tertullien, en ce sens qu'il affirme que l'usage de n'épouser *qu'une seule femme* était accepté par tous les chrétiens de son temps.

Il est à remarquer que Minutius Félix écrivait encore dans le troisième siècle de l'ère chrétienne.

Arrivons au quatrième siècle.

Au quatrième siècle, vivait, à Milan, un docteur célèbre, qui comptait des consuls

---

(1) *Unius matrimonii* vinculo libenter inhæremus, cupiditatem aut *unam* scimus, aut nullam. (Octav. de Minut. Felix. — Traduct. de M. de Génonde.)

parmi ses aïeux, et dont la fermeté de caractère égalait l'intelligence et la vertu : nous
voulons parler de saint Ambroise.

Saint Ambroise dit encore nettement que
la monogamie doit être la règle de tous les
chrétiens :

« Que dirai-je, dit-il, de la chasteté, puisqu'on ne permet *qu'une union*, et non une
union répétée ? La loi du mariage consiste
donc en ceci : *ne pas réitérer le mariage*, *et
ne pas s'unir à une seconde épouse* (1). »

Cette doctrine de saint Ambroise peut se
concilier avec les textes de St. Paul : il ne dit
pas, en effet, que les *secondes noces* sont interdites : il se borne à dire, — ce qui est vrai, —
que la règle du mariage pour les chrétiens,
c'est le mariage unique.

Mais jusqu'à présent, nous ne nous sommes
occupés que des secondes noces : que faut-il
penser des troisièmes noces, ou des mariages
subséquents ? Quelle est, sur cette question,
l'opinion des Pères de l'Eglise des premiers
siècles, et même de certains Conciles ?

Il serait bon de le rappeler.

Du temps de saint Ambroise, c'est-à-dire

---

(1) Quando una tantum, nec repetita permittitur
copula. — Et in ipso ergo conjugio lex est, non iterare
conjugium, nec secundæ conjugis sortiri conjunctio-
nem. (St. Amb. de offic. Liv. 1. ch. 50.)

au quatrième siècle, il y avait un évêque, si savant qu'on l'avait surnommé *le théologien*, et si estimé que les prélats d'Orient, rassemblés par ordre de Théodose-le-Grand, l'avaient *élu* évêque de Constantinople.

Le nom de saint Grégoire de Nazianze se présente à tous les esprits.

Après avoir reproduit le passage de saint Paul où il commande aux maris d'aimer leurs femmes, comme Jésus-Christ a aimé l'Eglise, il disait :

« Ce passage de saint Paul n'approuve nullement les secondes noces. S'il y avait deux Jésus-Christ, on pourrait prendre deux époux ou deux épouses ; mais comme il n'y a qu'un Jésus-Christ, il ne faut aussi qu'une seule chair. S'il rejette la seconde, que faut-il dire de la troisième ? La loi autorise le premier mariage, on tolère le second : *c'est une iniquité de passer au troisième.* Si quelqu'un allait au-delà, il faudrait le comparer à une bête : car, il n'y a pas beaucoup d'exemples de ce désordre (1). »

L'opinion de saint Grégoire de Nazianze est, certainement, d'une grande autorité, et devant un pareil homme, il n'est guère pos-

----

(1) Tertium iniquitas : qui autem hunc numerum excedit, porcinus planè est, utpotè ne multa quidem vitii exempla habens. (St. Grég. Sermo 31.)

sible de soutenir que la polygamie *successive* n'est pas répréhensible ; mais nous avons une autre autorité, non moins considérable, et qui est tout aussi catégorique.

C'est celle de saint Basile-le-Grand.

Dans ses épîtres canoniques, il s'exprimait ainsi :

« Nous avons mis la même règle pour les troisièmes noces que pour la polygamie, et à proportion pour les secondes noces. On sépare pendant une année ou deux ceux qui se remarient ; ceux qui le font pour la troisième fois sont séparés pendant trois ou quatre ans. On donne à ce commerce le nom de polygamie, ou de fornication moins grossière, plutôt que celui de mariage légitime. Voilà pourquoi le Sauveur du monde dit à la Samaritaine, qui avait eu cinq maris, « L'époux que vous avez maintenant, n'est pas votre mari, » parce que ceux qui se marient plus de deux fois ne méritent plus le nom d'époux ou d'épouse. La coutume que nous avons de séparer pendant cinq ans ceux qui se marient plus de deux fois, est plutôt fondée sur l'usage que sur les Canons, il ne faut pas les retrancher entièrement de l'Eglise, il faut les mettre au rang des auditeurs, pendant un certain nombre d'années ; au bout de ce temps, ils rentreront dans l'assemblée des fidèles, mais ils seront privés de la communion , jusqu'à ce qu'ils s'en soient rendus dignes par leur pénitence (1). »

Plus loin , il ajoute encore :

« Il n'y a pas de loi pour la *trigamie*, c'est pourquoi un troisième mariage n'est pas contracté en vertu de la loi. Nous considérons de pareilles choses *comme des souillures dans l'Eglise* , mais nous ne les soumettons pas à des condamnations publiques , parce qu'elles sont encore préférables à une fornication sans frein (2). »

Ces renseignements sont très-précieux.

Saint Basile affirme hautement que ceux qui se mariaient plus de deux fois ne méritaient plus le nom d'époux ou d'épouses, mais plutôt celui de *fornicateurs ;* qu'on considérait de pareilles unions, parmi les chrétiens, comme des *souillures*, qu'on séparait les polygames de l'assemblée des fidèles, et qu'on leur imposait des pénitences conformément aux Canons qui étaient établis.

Quels étaient ces Canons ?

Nous pouvons dire qu'ils étaient *anciens*, car dans le Concile qui eut lieu à Néocésarée,

______

(1) 345ᵉ lettre de saint Bazile à Amphil.

(2) Trigamiæ lex non est, quare *lege* matrimonium tertium non contrahitur : ac talia quidem ut ecclesiæ inquinamenta, habemus. (St. Bas. Epit. CC. Canon 50).

en 314, on disait déjà que ceux qui se mariaient plusieurs fois devaient observer le
temps de pénitence *qui était prescrit* : nous
pourrions, d'ailleurs, citer plusieurs autres
Conciles postérieurs qui ont consacré les
mêmes principes (1).

De tout ce qui précède, il faut conclure
que, d'après les principes du droit chrétien,
les secondes noces sont tolérées, mais que la
polygamie successive ne doit pas être admise.

---

(1) De his qui frequenter uxores ducunt, et de his
quæ sæpius nubunt, tempus quidem pœnitentiæ *quod
his constitutum*, observabunt. (Canon, 3.) V. surtout
Concile d'Ancyre, 7ᵉ Canon, en 314.—Concile de Rome,
en 386, 4ᵉ et 5ᵉ Can. — Concile de Telle, en 418, 7ᵉ
Can.—Concile d'Epaone, en 517, 32ᵉ Can.—Et Concile
d'Auxerre, en 586, 22ᵉ Can.

CHAPITRE VI.

**Textes sur l'abolition de la prostitution
et de la fornication.**

Ce que les Apôtres dirent aux payens,
quand ils virent ce qui se passait dans les
fêtes de leurs dieux, dans leurs bois sacrés,
dans leurs temples, et jusques dans leurs
habitations particulières, il est aisé de le
comprendre.

Ils leur expliquèrent, d'abord, que c'était
l'oubli de Dieu, le remplacement du culte de
l'Esprit par le culte de la matière, le poly-
théisme substitué au monothéisme, ou, pour
tout dire par un seul mot, *l'idolâtrie,* qui
était la cause de l'effroyable dépravation dans
laquelle ils étaient tombés. Ils leur firent
comprendre que lorsque les hommes ne se
souviennent plus de l'Être invisible, tout-

puissant, souverainement juste, présent partout, qui donne, entretient ou retire, à son gré, la vie 'à toutes les créatures, par des moyens impénétrables, ils ne connaissent plus d'autre loi que l'assouvissement de leurs appétits physiques, et sont frappés d'un véritable aveuglement. Il semble que toute leur science ne consiste plus qu'à répudier la grandeur de leur nature, à se rapprocher des animaux, à les imiter, et non seulement à les imiter, mais, — comme le faisaient certains hommes et certains peuples, — à s'abaisser au-dessous d'eux, et à choisir, parmi les plus vils et les plus immondes, des modèles et des dieux.

Mais comment savons-nous que les Apôtres tinrent ce langage aux payens ?—Par les épîtres de saint Paul, qui a développé lui-même cette idée de la manière suivante :

« Les perfections invisibles du Créateur, leur disait-il, sont devenues visibles, pour l'intelligence, par les œuvres qu'il a faites, depuis le commencement de la création. Sa puissance éternelle, sa divinité, éclatent à tous les yeux, et vous êtes inexcusables de ne pas l'avoir glorifié, de ne pas lui avoir rendu les grâces, les hommages et le culte divin, auxquels, Seul, il avait droit. En perdant de vue cette idée fondamentale ; vous

vous êtes égarés dans de vains raisonnements, votre cœur insensé a été rempli de ténèbres, *vous êtes devenus fous en affirmant que vous étiez sages.* Vous avez transféré l'honneur qui n'appartient qu'à l'Etre éternel et incorruptible à des êtres éphémères et périssables, à des hommes, à des figures d'oiseaux, à des quadrupèdes, à des *reptiles*, c'est pour cela que Dieu vous a *livrés* aux passions sensuelles et aux vices de l'impureté.... »

Ici, saint Paul accusait les payens de se livrer à des excès monstrueux dont l'existence est attestée, en effet, par tous les écrivains antérieurs à Jésus-Christ, et ne peut, malheureusement laisser aucun doute (1).

Mais comment les arracher à cet abyme d'abjection ?

Comment faire comprendre à des hommes— auxquels les lois écrites et les coutumes universelles avaient persuadé *qu'ils s'apparte-naient à eux-mêmes*, et pouvaient disposer de leur propre corps, comme ils l'entendaient, — comment persuader à ces hommes qu'ils devaient renoncer à user, en dehors du ma-

____

(1) Propterea tradidit illos Deus in passiones ignominiæ : nam feminæ immutaverunt naturalem usum, in eum usum quæ est *contra naturam :* similiter autem et masculi *relicto naturali usu feminæ,* masculi in masculo turpitudinem operantes... (Ep. aux Rom. 1. 18 et suivants.)

riage, d'un droit que la nature enseignait à tous les animaux? Comment leur faire comprendre que ni le consentement libre, ni le respect le plus absolu des bienséances extérieures, ni le secret, ni le mystère, ne suffiraient pas pour faire absoudre de pareils actes?

Il n'y avait qu'un argument qui pouvait le leur faire comprendre, et si cet argument n'était pas vrai, il n'y en avait pas : *c'est que l'homme ne s'appartient pas à lui-même, mais qu'il appartient à Dieu*, et que, pour se conformer à la volonté de Dieu, l'homme doit garder son corps exempt des souillures de la terre, pour vivre dans un monde meilleur, après sa résurrection.

C'est ce que les Apôtres dirent encore aux payens.

Nous en trouvons la preuve dans une autre épître de saint Paul, que nous allons citer.

Après avoir dit que ceux qui servaient les idoles, les fornicateurs, les adultères, les *efféminés*, les hommes qui commettaient des crimes contre nature, ne seraient point héritiers du royaume de Dieu, il s'exprimait ainsi :

« Quelques-uns de vous ont été tout cela, mais vous avez été lavés, vous avez été sanctifiés, vous avez été justifiés au nom de notre Seigneur Jésus-Christ, et par l'esprit de notre

Dieu... Les aliments sont pour le ventre et le ventre est pour les aliments, et Dieu détruira un jour l'un et l'autre. *Mais le corps n'est point pour la fornication. Il est pour le Seigneur, et le Seigneur est pour le corps,* car comme Dieu a ressuscité le Seigneur, il nous ressuscitera de même par sa puissance. Ne savez-vous pas que vos corps sont les membres de Jésus Christ? Arracherai-je donc à Jésus-Christ ses propres membres, pour les faire devenir les membres d'une prostituée? Ne savez-vous pas que celui qui se joint à une prostituée est un même corps avec elle, car ceux qui étaient deux ne sont plus qu'une même chair; mais celui qui demeure attaché au Seigneur est un même esprit avec lui. Fuyez la fornication ! quelqu'autre péché que l'homme commette, il est hors du corps, mais celui qui commet la fornication pèche contre son propre corps. Ne savez-vous pas que votre corps est le temple du St.-Esprit qui réside en vous, et qui vous a été donné de Dieu, et *que vous n'êtes point à vous-même ?* (1). »

Essayons de résumer et de mettre en lumière les principaux arguments contenus dans ces lignes.

---

(1) *Et non estis vestri.* (1 Corinth. VI. 10 et suiv.)

C'est comme si saint Paul avait dit :

O payens, l'idolâtrie sera détruite. Les temples de vos faux dieux seront rasés. Votre système de théologie, ou plutôt votre mythologie cynique, deviendra, dans quelques siècles, l'étonnement et la risée de la postérité. Vous avez de grands philosophes, de grands orateurs, de grands écrivains, de grands artistes, mais vous n'avez aucune connaissance exacte sur vous-même : vous ne savez ni d'où vous venez, ni ce que vous devenez. Vous croyez que vous êtes sortis de la terre comme les autres êtres organiques ou inorganiques; vous vous trompez! Vous avez été façonnés par le Créateur qui vous a animés de son souffle, et vous a faits à son image. Vous croyez que votre corps est anéanti pour jamais, par la mort, comme celui des animaux, et c'est pour cela que, durant votre vie, vous vous êtes arrogé le droit d'en disposer, pour satisfaire toutes vos passions. Vous vous trompez ! nous vous annonçons une grande nouvelle : c'est que Jésus-Christ, après être mort sur la croix, devant nos yeux, est ressuscité, et s'est montré vivant, aussi devant nos yeux, pour nous prouver que tous les corps humains ressusciteraient, comme le sien, après leur mort. Vous pouvez donc être certains que vous ressusciterez aussi , comme Jésus - Christ. Dieu qui a eu la puissance de vous créer, a la puissance de vous ressusciter : la résurrection n'est pas plus difficile que la création ! Mais si vos corps ressuscitent après votre mort, et si vous ne pouvez pas les détruire , comme ceux des animaux, comment n'apercevez - vous pas que vous n'êtes pas maîtres de vos corps ? Celui qui est le vrai maître de vos corps, voulez-vous le connaître ? c'est celui qui les a créés, et qui doit les ressusciter. Pénétrez-vous bien de cette vérité si peu connue, et pourtant si digne de l'être ; c'est que *vous ne vous appartenez pas à vous-même*, mais que *vous appartenez à Dieu*. Dieu vous a confié temporairement sa propriété, qui est votre corps, mais c'est à la condition de ne pas le détruire , de ne pas le mutiler, de ne pas le défigurer, de ne pas le souiller par la débauche , de ne pas le déshonorer par l'impureté , de ne pas vous en servir pour d'autres fins que les fins légitimes du mariage. La prostitution, la fornication, la débauche sont des taches qui restent imprimées sur le corps, et qui paraîtront au grand jour de la résurrection. Laissez donc les hommes qui vivent comme les animaux rechercher avec avidité les jouissances illicites de la chair, parce qu'ils croient à sa destruction finale ; mais vous qui avez été revêtus d'une chair qui ne ressemble pas à la chair des animaux ; vous qui avez appris, par la résurrection de Jésus-Christ, que vous devez aussi ressusciter, vivez comme des êtres *réservés* pour un monde plus pur que la terre !

Ces raisonnements, — et tous ceux qui pourraient être développés sur le même thème, — sont d'une logique irrésistible, si l'on part de l'idée de l'immortalité de l'âme et de la résurrection du corps, c'est-à-dire de la reconstitution complète de l'homme dans son état physique et moral, après sa mort : il n'y a pas un mot à répondre !

Aussi saint Paul insistait souvent sur cette démonstration.

Il conjurait les payens de dépouiller le *vieil homme*, c'est-à-dire l'homme animal et périssable, auquel ils avaient cru, pour revêtir *l'homme nouveau*, c'est-à-dire l'homme destiné à ressusciter, et dont la destinée, encore inconnue, avait été révélée par Jésus-Christ, et prouvée par sa résurrection : il leur répétait sans cesse que lorsque Jésus-Christ reparaîtrait, ils paraîtraient aussi, avec lui, dans la gloire, et qu'ils devaient en conséquence, faire mourir les membres de l'homme terrestre qui était en eux, c'est-à-dire la fornication, l'impureté, et toutes les abominations (1).

Enfin il écrivait ces mots qui peuvent être considérés comme le résumé de toute la théorie du christianisme, sur la matière :

« Vous savez quels préceptes nous vous avons donnés de la part du Seigneur Jésus : car la volonté de Dieu est que vous soyiez saints et purs, *et que vous vous absteniez de la fornication.* Que chacun de vous sache conserver le vase de son corps saintement et honnêtement, et non point en suivant les mouvements de la concupiscence, *comme les payens qui ne connaissent point Dieu* (2). »

Telle est la loi chrétienne.

On voit qu'il n'y a pas d'équivoque possible, et qu'elle ne prohibe pas seulement la prostitution des deux sexes, mais qu'elle prohibe encore, d'une manière absolue, toute espèce de commerce charnel en dehors du mariage. Du reste, les premiers chrétiens ne s'y sont jamais trompés, et dès le premier siècle, ils écrivaient par la plume de saint Justin : « Ou nous ne contractons aucun mariage, si ce n'est pour l'éducation des enfants, ou si nous

---

(1) Deponete veterem hominem..... induite novum hominem. (Ephes. IV. 22. 24.)—Coloss. III. 4. 5.

(2) Hæc est voluntas Dei, ut *abstineatis a fornicatione.* (Thess. IV. 2. 3. 4 et 5.)

nous éloignons du mariage , *nous vivons dans une continence perpétuelle* (1). »

Voilà l'exacte vérité !

Maintenant, si nous jetons un coup d'œil d'ensemble sur ce qui vient d'être dit, nous le demanderons à ceux qui contestent la grandeur et l'originalité du christianisme :

A-t-il existé quelque part , *avant Jésus-Christ*, une législation , une philosophie , une religion , qui ait osé interdire, tout à la fois , la polygamie, le divorce, la prostitution, et la fornication , même avec les esclaves ?

Y a-t-il eu , sur la terre , un peuple ou seulement un être humain qui ait conçu , combiné, ou formulé un système aussi complet , aussi absolu , aussi rationnel , aussi harmonique , et qui ait eu la prétention de soutenir que ce système était applicable *à toute l'espèce humaine* , dans toutes les parties du globe terrestre, depuis l'Orient jusqu'à l'Occident, depuis le midi jusqu'au septentrion ?

Si ce phénomène a existé , qu'on le dise : alors nous passerons condamnation , et nous reconnaîtrons que le christianisme n'a rien apporté de nouveau dans le monde !

---

(1) Vel omnino matrimonium non inimus , nisi ad educationem liberorum , vel si a nuptiis refugimus, *perpetuo nos continemus.* (St. Justin, 1ᵉʳ apol. nº 29.— Conf. Athenag. apol. etc.)

Mais si rien de pareil ou d'analogue ne s'était encore produit, si cet ensemble d'institutions n'avait été entrevu et considéré comme praticable, par personne, qu'on ait le courage de l'avouer : qu'on ne craigne pas de déclarer que sur ces points, (comme sur beaucoup d'autres), l'Evangile a été pour le monde une véritable *révélation* !...

Quand on veut prouver son amour pour la vérité, il faut la saisir partout où elle se trouve : à quoi servirait de se lasser à combattre, durant nos quelques jours de vie, si ce n'était pour être plus justes et meilleurs que ceux que nous combattons ?...

Nous possédons les extraits des Pères de l'Eglise, qui, — inspirés par ces textes, — ont dévoilé et combattu avec énergie, dès les premiers siècles, les mœurs ignominieuses des payens : les pamylies Egyptiennes, les phallophories et les Dyonisiaques Grecques, les bacchanales Romaines, les fêtes phalliques, les prostitutions dans les temples, le commerce des marchands--qui trafiquaient de la pudeur des jeunes garçons et des jeunes filles, et transportaient d'une ville à l'autre la fornication comme le froment et comme le vin,— l'établissement des lieux publics de débauche, et enfin les adultères des maris, dont les législations de tous les peuples, avaient

— jusqu'à cette époque, — proclamé l'impunité (1).

Mais l'insertion de ces morceaux, qui devraient être réunis, traduits dans toutes les langues, et répandus dans toutes les mains, aurait l'inconvénient d'embarrasser trop longtemps notre marche, et nous aimons mieux les supprimer, afin de courir tout de suite au dénouement.

(1) Ex his mercedes, et tributa, et vectigalia percipitis, cum eos ex orbe vestro exterminari oporteret. (St. Justin. 1 apol. § 29.) Athenag. (Apol.) Tertullien (de l'idol. § X.) St. Clément d'Alex. (le Pédagog. liv. 3. ch. 2.) Minutius Félix, (Oct. § 26.) Lactance, (Instit. div. liv. 6, ch. 23.) St. Jérôme, (vie de Fabiola.) Saint Grégoire de Naz. (Serm. 31.) St. August. (Cité de Dieu, liv. 2. ch. 4 et 26.) Salvien, (de la Provid. liv. 7, et St. Astère : (*S'il est permis de renvoyer sa femme*) V.

CHAPITRE VII.

Etat des progrès accomplis : indication des progrès qu'il est le plus urgent d'accomplir.

Dix-huit siècles à peine sont écoulés depuis le jour où le Sauveur du monde, qui avait répandu ces idées si hautes et si pures, est mort, — cloué sur une croix, comme un vil malfaiteur, — au milieu des moqueries et des imprécations d'une foule en délire : quelle influence ces idées ont-elles exercé sur le développement de la civilisation ? quéls changements ont-elles introduit, en général, dans les législations des peuples, chez lesquels le christianisme a pénétré ?

Occupons-nous, d'abord, du droit Romain, et signalons, — date par date, — à partir de la loi *Julia*, sous Auguste, les premiers et les plus importants changements qui furent amenés par le développement des nouveaux principes.

Entre les années 284 et 305, de l'ère chrétienne, après avoir rappelé que, dans le territoire Romain, il était défendu d'avoir deux femmes légitimes à la fois, *(binas uxores)*, sous peine d'être noté d'infamie, conformément à l'édit du préteur, les empereurs Dioclétien et Maximien décidèrent que le juge compétent ne laisserait plus un pareil fait impuni (1).

Ainsi, à partir de cette constitution, la polygamie *simultanée*, qui n'avait encore été punie, à Rome, que d'une flétrissure purement morale, fut soumise à des *peines arbitraires*.

Nous avons déjà dit que c'est dans le cours des années 320, 321 ou 324 que Constantin avait interdit aux maris d'avoir une concubine durant le mariage (2).

L'an 393 de l'ère chrétienne, le 3 des kalendes de janvier, les Empereurs Théodose, Arcadius et Honorius défendirent aux Juifs de suivre la loi de Moyse, qui permettait la polygamie, et décidèrent qu'à l'avenir il leur

---

(1) Quam rem competens judex inultam esse non patietur: (Cod. hic. 5. tel. 5. L. 2. *de polygamiâ.*)

(2) Voyez Hotman, de spur. et legitim. — Thesaurus antiq.— et nov. 3. 74.

serait formellement interdit de s'engager dans plusieurs unions en même temps.

Trois ans après,—en 396,—les Empereurs Arcadius et Honorius édictèrent les peines qui devaient être prononcées contre ceux qui contractaient des mariages incestueux ou *défendus* (1).

Après les constitutions des Empereurs qui abolirent la polygamie, ou le mariage légitime et le concubinat *simultanés* , nous trouvons des constitutions qui abolirent la polygamie *successive*.

La première de ces constitutions est celle de l'Empereur Léon-Auguste, qui défendit de contracter *un troisième mariage*, sous peine de faire les pénitences imposées par les sacrés Canons : la seconde est celle de l'Empereur Constantin-Porphyrogénète, qui imposa des peines encore plus sévères à ceux qui contractaient, dans certains cas, *un troisième mariage*, et prohiba d'une manière absolue, et sans aucune distinction, *les quatrièmes noces* (2).

---

(1) Nemo judæorum..... juxtà legem eorum nuptias sortiâtur, nec in diversa, sub uno tempore, conjugia conveniat. (Cod. liv. tr. tit. 8. L. 7.—Cod. liv. 5. tit. 5. L. 6. (Pœnæ incestarum et *vetitarum nuptiarum*.)

(2) Statuimus ut qui *ad tertium* matrimonium pervenerint, pœnæ quam in ipsos sacer Canon promulgavit, obnoxii sint. (Imp. Leon. novell. XC.) — Neminem oportere se *quarto matrimonio* jungere , sed esse omnino rejiciendum. (Imper. const. Cod. *de polygamiâ*.)

D'autres constitutions,—notamment celles de Théodose et de Valentinien , — vinrent ensuite , nous ne dirons plus *abolir*, mais *restreindre* le divorce à un certain nombre de cas déterminés.

D'après ces empereurs, une femme pouvait encore demander le divorce , lorsque le mari s'était rendu coupable d'adultère, d'homicide, d'empoisonnement , de conspiration contre l'état ; lorsqu'il avait été condamné pour faux, pour violation des tombeaux, profanation des temples, vol de bestiaux ou d'esclaves, pour attentat contre sa propre vie , ou pour coups. Un mari pouvait demander le divorce contre sa femme pour les mêmes causes : il pouvait, en outre, le demander si sa femme avait, à son insu ou malgré lui, mangé chez des hommes étrangers, passé des nuits hors de sa maison , sans motif plausible , ou assisté contre sa défense aux jeux du cirque, du théâtre ou de l'arène.

Mais, en dehors de ces cas, le divorce fut interdit à chacun des époux , et, par conséquent, les causes du divorce cessèrent d'être *arbitraires*, comme sous l'ancien droit.

Vers la même époque, les mêmes Empereurs Théodose et Valentinien s'occupèrent de la *prostitution*.

Ils décidèrent que si les pères et les maîtres

se faisaient les *proxénètes* de leurs filles et de leurs esclaves, pour les livrer à la prostitution, ces dernières pourraient implorer l'appui des évêques, des magistrats et des défenseurs des cités, et être arrachées à cette honteuse nécessité (1).

Des peines sévères furent prononcées contre tous ceux qui tiendraient des maisons de prostitution, où *des esclaves* et des femmes libres seraient livrées à la débauche (2).

L'Empereur Léon publia une autre constitution qui paraît aller encore plus loin : elle défendit à toutes personnes, appartenant à la classe des esclaves ou des hommes libres, — (même aux chanteurs ou aux comédiens,) de faire le métier de proxénète, *ou de se prostituer elles-mêmes (3)*.

Ce qui nous paraît très-remarquable, dans ces dernières constitutions, c'est qu'elles interdisent la prostitution d'une manière générale et absolue, sans distinguer entre les

---

(1) Si lenones, patres et domini, etc. (Cod. liv. 1. tit. 4. L. 12.)

(2) Ne quis *deinceps lenocinium exerceat*,...... *nullus ancillam ingenuam ve prostituat*. (Cod. liv. XI. tit. 40. L. 6 et 7.)—Tollit hæc constitutio prosttbula ct lenocinia. (Notes de Godefroid).

(3) Neque servum, neque liberum corpus, sit, qui audeat in meretriciam vitam *producere*, aut *prostrare*. (Cod. lib. 1. tit. 4· 5. L. 14.)

personnes majeures, ou les personnes *mi-neures*, ni entre les personnes qui prostituent les autres, ou qui se livrent elles-mêmes à la prostitution, dans un but de luxure ou de cupidité personnelle.

En effet, dans tous les cas, le mal moral et social qui en résulte est toujours le même, et si l'on punit les proxénètes, il n'y a pas de raison pour ne pas punir leurs instruments ou leurs complices, qui sont encore plus coupables lorsqu'ils sont *majeurs*, que lorsqu'ils sont mineurs.

Nous pourrions passer en revue les autres constitutions des princes qui, — depuis le cinquième siècle jusqu'à la fin de l'empire d'Orient, — ont statué sur ces matières, et montrer, d'une manière de plus en plus frappante, l'invasion toujours croissante des principes du christianisme dans le droit Romain, mais il faut prendre garde de se noyer dans les détails, et de tomber dans la confusion pour vouloir trop prouver : il vaut mieux arriver immédiatement au temps où nous sommes, et montrer, tout d'un coup, les immenses progrès qui ont été accomplis depuis Jésus-Christ.

Dans toute l'Europe, dans une partie de l'Asie, de l'Afrique et de l'Amérique, — partout où le christianisme a triomphé, — la polygamie et la polyandrie simultanées sont entièrement détruites ; le mariage et le concubinat légal n'existent plus ; dans quelques contrées , le divorce n'est plus toléré que dans des cas très-rares , et , dans quelques autres , il est complètement supprimé.

Ainsi, pour ne parler que de ce qui existe en France, la bigamie est un crime. L'entretien d'une concubine dans la maison conjugale est un délit. Le divorce est absolument interdit par la loi, même dans le cas *d'adultère* de la femme. Enfin , depuis que la *mort civile* a été abolie , le mariage ne peut plus être dissous que par la *mort naturelle* de l'un des époux (1).

Voici ce que le législateur français écrivait en 1854, à l'occasion de l'abolition de cette loi :

« Si , dit-il, une philosophie radicale et sceptique a pu méconnaître cette vérité, cette philosophie n'a-t-elle pas fait son temps ? N'est-ce pas ici le lieu de dire que si l'indissolubilité du lien conjugal produit quelquefois des malheurs privés , elle répand dans l'ordre social les préceptes les plus salutaires et les plus féconds ? Oui, cette perpétuité du lien légitime, de la puissance paternelle, du res-

---

(1) Art. 227, C. N. Art. 339 et 340. C. pen.

pect filial, c'est la famille honnète et vertueuse, qui, seule, convient à une grande
société ! (1) »

Ainsi, la doctrine de Jésus-Christ, qui avait
arraché aux Juifs des exclamations de surprise, et presque de terreur, se trouve aujour-
d'hui justifiée : *l'indissolubilité absolue du
mariage*, qui paraissait autrefois une chi-
mère, est consacrée, chez nous, par une loi
civile qui est partout obéie et respectée !

Jamais, — on peut le dire, — changements
plus extraordinaires que ceux qui sont déjà
accomplis, en matière de mariage, n'ont
encore eu lieu dans le monde : car, s'il était
difficile de persuader aux hommes de renoncer
à l'esclavage, et au droit de vie et de mort
dans la famille, il était encore bien plus difficile de leur persuader de renoncer à la pluralité des femmes et au divorce.

Si les payens antérieurs à Jésus - Christ
revenaient à la vie et voyaient des sociétés
sans esclaves et des familles sans chefs des-
potiques, ils se demanderaient, sans doute,
comment de pareilles sociétés peuvent vivre ;
mais s'ils voyaient des maris obligés, par les
lois, de n'avoir *qu'une seule femme*, et de
garder cette femme jusqu'à la mort, ils se

---

(1) Loi du 31 mai 1854 : exposé des motifs.

demanderaient, avec étonnement, s'il existe aujourd'hui, sur la terre, une race d'hommes qui n'existait pas de leur temps.

Voilà des événements qui peuvent éclairer ceux qui tombent dans la tristesse, et croient que les imperfections de notre temps existeront toujours : pour ne pas espérer de nouveaux triomphes du christianisme, il faudrait nier tous ses triomphes passés, ou ne pas connaître son histoire.

Nous venons déjà de voir ce qu'il a fait, essayons de montrer ce qui lui reste à faire, *en matière de mœurs.*

Si l'on veut bien réfléchir à la marche qui a été suivie par la civilisation depuis la publication de l'Evangile, on peut reconnaître que cette marche a été parfaitement logique, et qu'elle s'est constamment dirigée, d'étape en étape, vers l'idéal de la perfection terrestre qui a été indiqué par Jésus-Christ : elle a commencé, pour la réforme des mœurs, par la suppression de la polygamie et du concubinat ; elle a continué par la suppression du divorce ; il faut, maintenant, qu'elle fasse un nouveau pas en avant, et qu'elle arrive à la suppression de la *prostitution* ! !

Mais, dit-on, la suppression de la prostitution est impossible !

A ceux qui font cette réponse, nous

demandons s'ils parlent comme chrétiens ?

S'ils parlent comme chrétiens, comment peuvent-ils prétendre que la suppression de la prostitution est impossible, lorsque Moyse l'a supprimée, et que Jésus-Christ a confirmé cette loi de Moyse ? quelle idée se font-ils donc de la clairvoyance et de la portée de ces deux législateurs, qu'ils appellent divins ? A quoi servirait-il à Moyse et à Jésus-Christ d'avoir fait une œuvre d'une sagesse surhumaine, si cette œuvre devait rester une œuvre impuissante et vaine ?

De pareils sentiments ne s'accorderaient pas avec ceux qu'ils professent pour le christianisme : il faut y renoncer.

Mais, — réplique-t-on, — personne ne dit que la suppression de la prostitution sera toujours impossible, on dit seulement qu'elle est impossible, dans le temps où nous vivons.

A ceux qui font cette réponse, nous demandons s'ils parlent comme *hommes politiques ?*

S'ils parlent comme hommes politiques, nous les invitons à méditer les paroles suivantes d'un des plus puissants esprits de la Révolution Française :

« C'est une grande abomination que de voir, chez les nations chrétiennes, la prostitution tolérée. C'est une infamie. Il n'y a point de nom pour caractériser une police aussi *exécrable*. Tous les prétextes sont d'une immoralité qui révolte la raison autant que la religion, et c'est avilir le bon sens que l'employer à combattre ces prétextes. Il faut ne pas supporter les mauvaises mœurs, quand elles se montrent à découvert. Il faut encore moins les fomenter ouvertement. Fermez donc à l'instant les maisons de débauche. Jetez dans des ateliers de basse justice les misérables créatures qui empoisonnent le crime, et vendent le double venin des âmes et des corps à des malheureux dont l'existence éprouve, par ce commerce abominable, tous les genres de dégradation. N'ayez pas la chimérique inquiétude des crimes secrets que la suppression de cette ressource, pour la corruption vulgaire, pourrait occasionner dans les familles honnètes. D'abord, avec vos prostitutions publiques, on ne laisse pas de corrompre, dans les familles peu vigilantes, toutes les personnes qu'on peut séduire ; ainsi, vous ne remédiez à rien ; de plus, on y en corrompt davantage, car, la corruption publique infecte les mœurs particulières avec une grande activité. Elle offre des asiles après les égarements domestiques, et encourage à ces fautes privées par le pis-aller de l'infamie qu'on tolère. Si vous dites que les mœurs sont actuellement trop dépravées, pour ôter, aussi, aux nombreux débauchés, les moyens d'assouvir leurs passions brutales, qu'on ne serait pas en sûreté dans les maisons, et jusque dans les temples, vous donnez dans une étrange illusion. Ne voyez - vous pas que ce sont vos tolérances immorales qui portent elles-mêmes la dépravation des mœurs à cet excès, et qui vous réduisent à craindre partout la violence de cet instinct de brutalité. Il ne faut plus la souffrir : il faut la comprimer avec une force invincible : les ateliers de basse justice balaieront en huit jours toute cette crapuleuse lie de vos villes infâmes. Les moindres délits en ce genre y feront précipiter les corruptrices et les corrupteurs. Dans vos villes purifiées de cette infection horrible, on vivra dans une sécurité profonde ; on ne respirera plus que l'air de l'honnêteté, de la décence et de la vertu. Mais n'épargnez personne. Que tout scandale, de qui que ce soit qu'il provienne, puissants ou faibles, riches ou pauvres, conduise irrémissiblement aux ateliers, et vous n'aurez pas deux scandales par mois dans tout Paris, un par année dans vos moindres cités de province (1). »

---

(1) Extrait de Parent Duchatelet. (Prostitution dans Paris. T. 1, p. 302.

Cette opinion est de Mirabeau.

Nous partageons entièrement cette opinion, et selon nous, pour supprimer la prostitution, il suffirait d'oser, et de vouloir.

Nous ne comprenons pas pourquoi le législateur du XIXe siècle ne pourrait pas édicter des dispositions pareilles ou analogues à celles que Moyse avait édictées pour les Hébreux, il y a trois mille trois cents ans, ou à celles que l'Empereur Léon avait édictées, il y a plus de treize cents ans, pour les Romains du bas-Empire : nous comprenons encore moins quelles difficultés sérieuses pourraient se rencontrer pour leur exécution.

Nous voudrions, en conséquence, qu'on modifiât l'article 333 du Code pénal de la manière suivante : « Quiconque aura attenté aux mœurs, en excitant, favorisant ou facilitant la débauche ou la corruption des personnes *majeures* ou mineures de l'un ou l'autre sexe, ou *sera convaincu de se livrer à la prostitution*, soit pour le compte d'autrui, soit pour son propre compte, sera puni d'un emprisonnement de six mois à deux ans, et d'une amende de cent francs à trois mille francs, etc.... »

Cette disposition est loin d'être exorbitante.

Dès 1810, la commission du Corps législatif avait proposé de supprimer, dans l'art. 333,

— aujourd'hui en vigueur, — les mots « *habi-tuellement, et au-dessous de l'âge de* 21 *ans* » qui s'y trouvent encore insérés, afin d'atteindre les individus qui se rendent coupables d'un acte de proxénétisme isolé, *même vis-à-vis des majeurs* : la nouvelle rédaction proposée n'est que la reproduction de la même idée, évidemment destinée à triompher, parce qu'elle est juste ; et la seule innovation consisterait à punir comme les proxénètes, tous les individus qui *se laissent prostituer, ou qui se prostituent pour leur propre compte* (1).

Dans ces termes elle devrait rallier tous les esprits.

Quand on s'occupera de la suppression de la prostitution, il sera nécessaire d'introduire encore quelques autres modifications importantes dans notre législation pénale, afin de fortifier le mariage, et de protéger les enfants contre les corrupteurs.

Ainsi, dans l'état actuel des choses, le mari qui entretient une concubine dans la maison conjugale, n'est puni que d'une simple amende ; il devrait être permis aux juges de le frapper d'une peine d'emprisonnement, comme

____

(1) Chauveau, Adolphe. (Th. du Cod. pén. t. 6. p. 135.)

la femme; le mari n'encourt aucune peine quelconque, s'il entretient une concubine, même publiquement et notoirement, *en dehors du domicile conjugal :* une infraction si scandaleuse et si grave aux devoirs de fidélité réciproques du mariage et aux règles de la moralité publique ne devrait pas rester impunie.

Les attentats à la pudeur consommés ou tentés sans violence sur des enfants âgés de moins de *treize ans* accomplis constituent aujourd'hui, des crimes justiciables des Cours d'assises, mais si ces attentats sont commis sans violence sur des individus *âgés de plus de treize ans*, ils sont à l'abri de toutes poursuites. Cependant, il n'est pas juste que des individus qui ne sont pas parvenus à l'âge nubile, et qui, par conséquent ne sont pas capables de donner un consentement valable, même pour le mariage, soient considérés comme capables de donner un consentement valable, pour des actes qui ne devraient être que la conséquence du mariage : il faudrait donc déclarer que tous les attentats à la pudeur, consommés ou tentés, sans violence, sur des individus au dessus de l'âge de treize ans, et jusqu'à l'âge nubile, sont punissables.

Ces observations sont sérieuses et il est bon d'y penser....

Dans les grands centres industriels, et

même dans les villes populeuses, le chiffre des mariages diminue, celui des naissances illégitimes augmente, la prostitution se multiplie, l'oubli de la pudeur devient effrayant. Si l'on veut nous préserver des malheurs qui nous attendent dans un prochain avenir, il est temps de mettre nos institutions d'accord avec nos croyances, et de donner une sanction pénale aux principes du christianisme que nous professons.

Nous ne craignons pas de le dire, les hommes d'état qui auront le courage d'entreprendre ces réformes, ne seront pas seulement soutenus par l'opinion publique, ils se feront, dans l'estime et la reconnaissance du pays, un nom qui ne périra pas...

CHAPITRE VIII.

Conclusion.

Nous avons entendu reprocher aux écrivains et aux orateurs qui défendent la cause du christianisme, de se tenir dans des généralités insaisissables, ou de développer, en les attribuant à l'ancien et au Nouveau Testament, des théories dont l'origine se retrouve dans les ouvrages de l'école platonicienne et Stoïcienne : C'est pour échapper à ces reproches que nous nous sommes attachés à citer des textes.

Devant ces textes, il faut s'incliner.

Nous avons voulu prouver que sur les plus graves questions de la législation civile et criminelle, *en matière de mœurs*, le christianisme a donné des solutions entièrement neuves, originales, sans précédents dans l'histoire de l'antiquité, et qui étaient le renversement de toutes les idées du paganisme : enfin, nous avons voulu prouver que ces solutions, qui passaient, aux yeux des payens, pour folles et chimériques, sont déjà — législativement ou moralement — acceptées par les peuples chrétiens, comme les lois les plus conformes aux intérêts des sociétés et à la grandeur de la nature humaine.

Avons-nous fait cette preuve ?

Sans répéter ce que nous avons déjà dit, nous pouvons répondre, hardiment, par un seul mot : — Oui !

Le contrôle est facile; les faits sont certains; la démonstration doit paraître complète et décisive. Mais Jésus-Christ n'a-t il rien dit de plus ? ne s'est-il pas expliqué, d'une manière aussi nette, sur quelques autres problèmes fondamentaux qui intéressent l'administration de la justice dans les sociétés chrétiennes ?

Comment, par exemple, a-t-il entendu le droit de légitime défense? qu'a-t-il dit du serment? que pense-t-il de la rétribution du mal par le mal ? admet - il le talion *judiciaire*? comment comprend-il la manière de rendre la justice, dans les matières civiles et criminelles ?

Celui qui a prêché la sagesse *entre les par-*

faits, a-t-il entendu toutes ces questions comme la *sagesse du monde* les entendait, à une époque où l'humanité n'avait encore aucune idée de cette *perfection* ? ou bien, pour les comprendre, ne faudra-t-il pas que *la sagesse du monde* finisse par accepter encore sur tous ces points, *la folie de la Croix* ?

C'est ce que nous nous proposons d'examiner ultérieurement, en produisant toujours, *non pas nos théories personnelles*, mais les textes sacrés, éclairés, expliqués, commentés par les pères les plus illustres et les plus vénérés des premiers siècles de l'Eglise chrétienne.

TABLE DES MATIÈRES

SECTION PREMIÈRE

DROIT PAYEN.

SECTION DEUXIEME

DROIT HÉBRAÏQUE.

SECTION TROISIÈME

DROIT CHRÉTIEN.

9 782013 677455